十力丛书

韩非子评论　与友人论张江陵

熊十力　著

上海古籍出版社
上海书店出版社

图书在版编目(CIP)数据

韩非子评论；与友人论张江陵 / 熊十力著. 一上海：上海古籍出版社，2018.12
（十力丛书）
ISBN 978-7-5325-9069-8

Ⅰ. ①韩… Ⅱ. ①熊… Ⅲ. ①韩非(前 280 -前 233)－人物评论②张居正(1525－1582)－人物评论 Ⅳ. ①B226.55②K827 = 48

中国版本图书馆 CIP 数据核字(2018)第 283096 号

韩非子评论　与友人论张江陵
熊十力　著
上海古籍出版社出版、发行
（上海瑞金二路 272 号　邮政编码 200020）
（1）网址：www.guji.com.cn
（2）E-mail：guji1@guji.com.cn
（3）易文网网址：www.ewen.co
常熟市文化印刷有限公司印刷
开本 635×965　1/16　印张 11.75　插页 3　字数 122,000
2019 年 1 月第 1 版　2019 年 1 月第 1 次印刷
印数：1—2,100
ISBN 978-7-5325-9069-8
B · 1084　定价：42.00 元
如有质量问题,请与承印公司联系

"十力丛书"出版缘起

大约在 2006 年,我动念想出版熊十力先生的书,遂与熊先生后人联系。其时我不过是初入出版界的资浅编辑,没想到万承厚女士欣然慨允,给予我极大的信任。万女士为此事咨询王元化先生,元化先生又委托时任上海书店出版社社长的王为松先生主持出版事宜,事情很快落实,由当时我所在的世纪文景公司与上海书店出版社联合出版。

熊十力先生的曾孙女熊明心博士参与了丛书的编校工作,现代新儒家的传人罗义俊先生担任丛书的学术顾问。罗先生不顾久病体弱,亲自参与审稿或复校。王元化先生则将旧文中有关熊先生的片段连缀成《读熊十力札记》以代丛书序,并在前面写了一段引言,据说这是王先生亲撰的最后文字。丛书自 2007 年 8 月起陆续出版,历时两年,而王先生于 2008 年 5 月去世,未及见到丛书出齐。

转眼间十多年过去了,万女士也于今年仙逝。今由上海古籍出版社联合上海书店出版社再版"十力丛书",因记其始末。新版"十力丛书"改正了不少初版未校出的错讹和不当的标点,将初版遗漏的《论六经》与《中国历史讲话》《中国哲学与西洋科学》等合为一册,《熊十力论学书札》增补了若干新发现的书信,"十力丛书"庶几完备焉。

当时为初版所撰"出版说明",仍录于下:

1947 年门人刘虎生、周通旦等于熊先生家乡谋印先生著作,名之曰"十力丛书"。盖先生亲定名焉。丛书原拟印先生前期主要著作,因赀力不继,仅印出《新唯识论》语体本及《十力语要》各千部。先生晚年自筹付印《与友人论张江陵》《原儒》《体用论》《乾坤衍》诸书,亦以十力丛书为名,显见先生续成之意。然亦止成数百部以便保存而已。今汇集出版先生前后期主要著作,成为一完整系列,仍决定沿用"十力丛书"之名,亦为完成先生夙愿云。

　　本丛书编辑体例如下:

　　一、采用简体横排,以广流传。

　　二、以原始或原校较精之版本为底本,并参考其他版本点校。

　　三、依熊先生原文之句读,重施标点。通假字保留;异体字酌改为通行字;凡显系手民误植者,径改不出校记。

　　四、引文约引、节引或文字与出典稍有出入处,一般保持原貌;与出典差异较大者,予以说明。引文或正文少数缺略的内容有必要补出者,补入文字加〔　〕。原版个别无法辨识的文字以□示之。

　　补记:《新唯识论》立"翕阖成变"之义,系熊十力哲学的重要概念,为尊重故,丛书中与此相关的"阖"字不简化成"辟",而写作"阖"。另外适当照顾作者的用字习惯,如"执著"之"著"熊先生习惯写成"着",古印度论师世亲之兄,熊先生也写作"无着",今亦仍其旧。

刘海滨
2018 年 12 月 5 日

目录

韩非子评论

与友人论张江陵

韩非子评论

题　记

　　《韩非子评论》(原题《正韩》)系胡哲敷据熊十力先生讲授内容整理并经熊先生修订而成。全文曾署胡拙甫之名发表在1950年1月出版的《学原》杂志第三卷第一期上,并以单行本于1949年底由香港人文出版社出版。此据台湾学生书局1984年再版本点校。

原 书 序 言

胡哲敷

抗日战时，愚在川，曾撰《述熊正韩》一文。述熊者，黄冈熊先生十力之言也。正韩者，正韩非之谬也。战前，先生在杭州西湖养疴，愚曾请面授《韩非子》。及入川，乃追述其语。先生命删"述熊"二字。题曰《正韩》。此文当年未发表，置行箧中颇久。因《学原》编者索稿，聊以公之于世，刊于《学原》第三卷第一期。嗣因人文出版社编印《人文丛书》，得学原社之同意，又以单行本形式，列为《文化丛书》之一。

韩非子评论

原题《正韩》

自《汉书·艺文志》列《韩子》五十五篇于法家,后之谈晚周法家者,必首韩非。清季迄于民国,知识之伦诵言远西法治者,辄缅想韩非,妄臆其道与宪政有合也,此殆未尝读《韩非》书。秦火以后,二三千年间,号为祖述法家者,其上稍知综核,下者则苛察而已,顾未有真通韩非之旨,亦无与韩非思想全相类者。余故举其要略,以备治韩学者参证焉。

一

韩非之学本出荀卿,《史记》称其与李斯俱事荀卿,李斯自以为不如。黄冈熊十力先生曰:荀卿之学,由道家而归于儒。韩非从荀卿转手,乃原本道家而参申商之法术,别为霸术之宗。熊

4

先生此说,向未以文字发表,余闻之而求诸荀韩之书,叹其创见之明,立说之不可易也。荀学之始于道,今此不及论。韩之学于荀而归本于黄老,则《史记》有明文。史公时代与韩非犹接近,其所传必不误。即由韩非之书而求之,其归本道家甚显然,余将于后文别论。今人有疑《解老》《喻老》篇本不为韩非作,但由简册误窜入者,此必于韩书旨意未能通晓,故有斯疑。熊先生《十力语要》曾言《解老》《喻老》确是援道入法,或为韩非后学所作。然先生近又断定为韩非本人作,因韩书中谈及道家之旨者,甚多精到处,未可疑此二篇不出其手也。余甚赞同熊先生近年之说,《史记》"韩非归本黄老"之言,确有根据,非于韩学有深得者不能知。韩子援道以入法,虽与其师异,然荀卿言性恶,又专主隆礼,其言礼之原要在养欲给求,与孔门推本性命之义自别。参看熊先生《读经示要》。韩非变隆礼而尚法术,亦其师之教有以启之也。

二

　　韩非之学不为法家正统,熊先生谓当正名法术家,其说甚是。案《韩非》书随处皆用法术一词,且于法术二字分释甚清。卷十六《难三[1]》云:"法者,编著之图籍,设之于官府而布之于百姓者也。术者,藏之于胸中,以偶众端而潜御群臣者也。故法莫如显,而术不欲见。是以人主言法,则境内卑贱莫不闻知也;用

---

　　[1]　原作"难四",据《韩非子》(中华书局 1998 年《韩非子集解》本)改。

术,则亲爱近习莫之得闻也。"此言人主必兼持法术。卷四《孤愤》云:"智术之士,必远见而明察,不明察不能烛私。能法之士,必强毅而劲直,不劲直不能矫奸。"此言人臣亦有明术与能法之异其材,人主必量材而用之以辅治。能法谓能执法不挠者。《韩非》书随处用法术一词,此词实以两义连属而成。两义谓法与术。然虽法术兼持,而其全书精神毕竟归本于任术,稍有识者细玩全书,当不疑于斯言。人主无术以御群臣,则权移于下,奸盗之门四阖,而法何所存乎? 故人主必有术而后能持法,无术则释法用私,国之大柄旁出于群邪众盗之门,斯法纪荡然矣。《韩非》书虽法术并言,而其全书所竭力阐明者究在于术。凡其明人性之难与为善,夫妇父子不足相信,人臣之夺君盗国者多端,皆可证人主必有术以御臣下,如能一绳以法,无术则徒法不能以自行也。韩书称引故事极富,皆所以征明古今有术与无术者之得失成败,将令为国者鉴观往事,增长经验而善其术,此读其书者所不可不知也。术不欲见,此其所以卒归本于道家,俟后文别论。

三

韩非绝无民主思想,熊先生谓其为君主思想,为列强竞争时代之极权主义者,其志在致国家于富强以兼并天下,故又可谓为侵略主义者。韩非本韩之诸公子,史称非见韩之削弱,数以书干韩王,韩王不能用,人或传其书至秦,秦王见《孤愤》《五蠹》之书,曰:"嗟乎! 寡人得见此人与游,死不恨矣!"李斯曰:"此韩非之所著书。"秦因急攻韩。韩始不用,及急,乃使韩非使秦,秦王悦之,未任用。李斯害之于秦王曰:"今欲并诸侯,非终为韩,不为秦,此人情也,不如以过法诛之。"秦王以为然,下吏治非,李斯使人遗药,令早自杀。秦王后悔,使人赦之,非已死矣。据此可见秦王深契韩非,受其影响颇巨。董子谓秦行韩非之说,其时距秦极近,闻知自确。清季王先谦乃云:"考非奉使时,秦政立势成。非往即见杀,何谓行其说哉?"先谦所见太浅。非未使秦时,秦王已读其书,至有得见此人死不恨之叹,足征秦人行极权之政,急兼并之图,韩非之书所以启之者深也。凡思想家之说,往往见采用于同时或异时甚至百世下之人,其本人即居位,亦不必能为实行家也。

何谓韩非无民主思想耶?通观《韩非》书,对君主制度无半言攻难,对君权不唯无限制,且尊其权极于无上,而以法术两大物唯人主得操之。卷十六《难三》曰:"人主之大物,非法则术也。"此言法术二者皆人主之大物。人主持无上之权,操法术以统御天下,将使天下之众如豕羊然,随其鞭笞之所及而为进止,人民皆无自由分,何自主之有?桓谭《新论》言秦之政如此,实韩非之教也。夫民主之法治,必于个人自由与群体生活二者之间斟酌其平。吾儒《礼经·中庸》一篇明其原则曰:"万物并育而不相害,道并行而不相悖。"并行并育,则注重群体可知;万物无可孤行或独生者,故言并行并育。并者,有互相依持义。不相悖害,则不妨碍个人自由可知。圣言高远,所以为万世准也。《春秋》一经,文成数万,其指数千,太史公所谓"贬天子,退诸侯,讨大夫,以达王事"云云。熊先生曰:王不谓君主也,王者,往义,天下人所共向往之最高理想与最适于共存共荣而极美备之法纪制度,是《春秋》之所谓王事也。

《春秋》于法理之阐明与法条之创立，盖极详尽，故曰文成数万、其指数千也。遭秦焚坑，又承汉氏帝制，两京之儒皆畏祸而不传。史公在汉初，于《公羊》家义犹有所承，故能言其大旨，而亦不敢详说也。董生、何休亦略存孔子微言，其变易本义者当甚多。《穀梁》直全变为史评之书，视董何又全不似，后儒遂不睹《春秋》之真。民主法典，莫妙于《春秋》一经。熊先生《读经示要》第三卷说《春秋经》取《礼运》大同加以疏释，又采何注井田制，明其为集体农场之良规，皆于《春秋》民主法典有所董理，厥功不细。《示要》《读经示要》省称。又谓：《淮南书》言"法原于众"，又云"法籍礼义者，所以禁人君使无擅断也"，此当是晚周法家正统派之说，而《淮南子》采入之。又谓法家正统原本《春秋》，见《示要》第一卷。而商韩之徒实非法家云云。此说虽创，而实不可易。《淮南》所存法家正统派"法原于众"一语，实含无量义，可谓深得《春秋》之旨。《春秋》贬天子、退诸侯、讨大夫，决不许居上位窃大柄者以私意制法而强民众以必从。决不至此为句。其尊重人民之自由而依其互相和同协助之公共意力以制法而公守之，此《春秋》本旨，而晚周法家有得乎此，故曰"法原于众"也。今观韩非之书，于法理全不涉及，只谓法为人主独持之大物，引见前。是法者徒为君上以己意私定、用以劫持民众之具。秦之行法，即本于韩非，《韩非》书不言民主，无所谓民意，其非法家正统甚明。《韩非》书于社会组织等法制及维护人民自由等宪章皆未有半字及之，是何足为法家？通玩韩书全部，只谓人君须严法以束臣下，使不得犯而已。《五蠹》篇曰"明主峭其法而严其刑"，全书明法意者，不外此语，是其言法犹是达其术之具耳。熊先生谓《韩非》书只是霸术家言，本不为法家，以其主严法，不妨名法术家耳。韩非生于危弱之韩，故其政治思想在致其国家于富强以成霸王之业，其坚持尚力，吾国人当今日，尤当奉为导师。熊先生亦以此特有取于韩子，但不以毁德、反智、趋于暴力为然。霸王之业即有兼并列国之雄图，故韩非有侵略主义之色采。熊先生谓韩非盖有激而然。夫强大者怀侵略之野心而不变，则人类之公敌也。毙人，亦将以自毙。弱国之人能有霸王雄图，则可以力抵力，所谓取法乎上仅得乎中也。韩非纯是国家主义，其鞭策人民于耕战，与今世霸国戮力生产与军备如出一辙，但不惜禁锢人民思想，如废文学等。摧抑人民节概，如禁侠义及恶贤良贞信之行等。此则不为社会留元气，未可为训。然当列强竞争剧烈之世，总有崇尚霸术者兴，霸术者必重国家之权力，而不免抑人民以听命于国家，乃易富强其国而便于制敌，韩非之思想，古今中外竞争之世所必有也。然重国轻民要不可太甚，太甚则民质被剥而国无与立。民为邦本，《尚书经》之明训，千古不可易也。秦行韩非之说，虽并六国，然亦后六国十五年而自亡矣。故霸术用之审而无过甚，则当竞争之世，此其良图也；用之而过，至人民无自由分，则后祸不堪言。唐虞商周含茹之天下，至秦斫丧而一切无余，中夏族类自此弗振。念此，不能不寒心也。

四

韩非思想虽源出荀卿，而其变荀卿之隆礼以崇法术，则亦兼融申商。秦承商君之遗，而韩非有取于商君，此其说所以易行于秦，亦不偶然。卷十七《定法》篇足征韩非法术之论所从出，今引其文如左：

问者曰："申不害、公孙鞅，此二家之言，孰急于国？"应之曰：是不可程也。人不食，十日则死，大寒之隆不衣亦死，谓之衣食孰急于人，则是不可一无也，皆养生之具也。今申不害言术而公孙鞅为法。术者，因任而授官，循名而责实，操杀生之柄，课群臣之能者也，此人主之所执也。法者，宪令著于官府，著者，谓编著之图籍颁行官府也。宪令必由君上所定，玩下文"臣之所师"句，可见。刑罚必于民心，赏存乎慎法，而罚加乎奸令者也，此臣之所师也。言臣皆以法为师，不可离法而任私意以行事。君无术，则弊于上，君无术，则授官将惑于群小之私而不知因任，凡百政事，众邪以虚名欺上而不知责其实效。如民国各官府之议案与标语及报销，皆欺诳之具，百弊丛生于上。臣无法，则乱于下。此不可一无，法术二者，不可无其一。皆帝王之具也。

问者曰："徒术而无法，徒法而无术，其不可何哉？"对曰：申不害，韩昭侯之佐也。韩者，晋之别国也。晋之故法未息，而韩之新法又生；先君之令未收，而后君之令又下。申不害不擅其法，不一其宪令，则奸多。中略。申不害虽十使昭侯用术，而奸臣犹有所谲其辞矣。故托万乘之劲韩，十七年而不至于霸王者，十七旧作七十，从顾广圻改。虽用术于上，法不勤饰于官之患也。勤饰者，饰谓修饰。谓当因时因事，勤修法典，以颁之官府，毋旷而不举，毋纷而启惑，使人不得诡词以乱法也。

公孙鞅之治秦也，设告坐而责其实，连什伍而同其罪。赏厚而信，刑重而必。是以其民用力劳而不休，逐敌危而不却，故其国富而兵强。然而无术以知奸，无术以知大臣之奸也。则以其富强也资人臣而已矣。及孝公商君死，惠王即位，秦法未败也，而张仪以秦殉韩魏。张仪可以取韩魏而不取者，因留之以自重于秦，又受韩魏之赂故也，是秦之大业不成，由张仪之奸，竟以秦殉没于韩魏也。秦惠王无术知奸，于此可见。下甘茂等事皆准知。惠王死，武王即位，甘茂以秦殉周。武王死，昭襄王即位，穰侯越韩魏而东攻齐，五年而秦不益一尺之地，乃成其陶邑之封。应侯攻韩，八年成其汝南之封。自是以来，诸用于秦者，皆应穰之类也。故战胜则大臣尊，益地则私封立，主无术以知奸也。商君虽十饰其法，人臣反用其资，故乘强秦之资，数十年而不至于帝王者，法不勤饰于官，不字疑误。上云商君虽十饰其法，今此不当有不字。主无术于上之患也。

问者曰："主用申子之术，而官行商君之法，可乎？"对曰：申子未尽于术，商子未尽于法也。申子言"治不逾官，虽知弗言"，谓官守以外之事，虽有所知，亦弗言也。治不逾官，谓之守职也可。知而弗言，是谓过也。人主以一国目视，故视莫明焉；以一国耳听，故听莫聪焉。今知而弗言，则人主尚安假借矣！若人皆于凡百事知而弗言，则人主无所假借于国中之众耳众目，将长暗于各方之利弊得失也。

商君之法曰："斩一首者爵一级，欲为官者，为五十石之官。斩二首者爵二级，欲为官者，为百石之官。"官爵之迁与斩首之功相称也。上叙商君之法，下破之。今有法曰"斩四首

11

者,令为医匠",则屋不成而病不已。夫匠者,手巧者;而医者,齐药也。而以斩首之功为之,则不当其能。今治官者,智能也;今斩首者,勇力之所加也。以勇力之所加而治智能之官,是以斩首之功为医匠也。

故曰,二子之于法术皆未尽也。

综上所述,韩非修霸王之业而特崇法术,其于申商并有资取,明文可证。韩非责申之用韩不至于霸王者,患在徒术而无法;其责鞅之用秦不至于霸王者,亦曰帝王。患在徒法而无术。故彼以法术兼持为帝王大业之所由立。韩非虽于申商俱有所不满,而其法术之学宪章申商确不容否认。非之评申子曰"未尽于术",评商君曰"未尽于法",其所评似皆有当。然其评商也,以勇力之所加而治智能之官,确中所失;其评申也,谓人主以一国之耳目为视听,其言至宏大、极动听。然细玩韩非思想之全体系,并无人民参政机关,其求言之法,似仍师商鞅"设告坐而责其实,连什伍而同其罚"。夫民意机关犹有被劫持之虑。而况告坐之法使人心术日习于猜忍疑忌,欲其言之一一出于至明至公,恐未可恃。人君欲假借此等耳目以为一国之公视公听,吾惧其适陷于聋盲也。商鞅之法,用今俗语表之,可谓侦探政治。亦云特务政治。侦探政治必人君有雄武阴鸷非常之资者有术以运用之,而可操纵自如,以内修其政、外制其敌。如秦之孝公、商君以迄吕政是其选也。秦法偶语者弃市,其为侦探政治无疑。韩非之说不用于韩而用于秦,固缘有孝公商君之遗烈在,实亦吕政之才过于孝公商君,故能行韩非之说而成一时之业也。然秦之元气亦自此大伤，十五年而秦亡犹不足惜，其害之中于国家民族者，二三千年而未拔也。古时有诸子百家之学。百家者，如天文、算学、张衡在东汉初著论，网络天地而算之，又制侯地震仪，可见古代天算之学极高深，故张衡得资之以兴耳。音律、医药、蚕桑、工程、秦时李冰修成都灌县之堤，至今工程学者莫能及，以此知古代有工程学。物理、指南针，一说始于黄帝，一说始于周公，二者皆甚远，以此知古代物理知识极不浅。地理、邹衍之说犹可略考于《史记》。机械墨子与公输般皆能作木鸢，已为飞机之始。等等，皆科学也。诸子如儒、道、名、墨、法、农等等，皆哲学也，自秦政毁弃一切而永不可复。六艺经孔子之手，遂为哲学思想界之大经。其言高远，玄悟极于穷神知化，《大易》。治道究于太平大同，《春秋》及《礼经》。吉凶与民同患，《易系传》。其于劳工劳农共休戚可知也。秦以后儒者，以帝制思想释经，全失孔子之旨，遂令二三千年间夷狄盗贼迭起，得假君权以宰制中夏。民德、民智、民力每况愈下，黄农虞夏之胄永不可振，实自秦政肇开衰运。王船山《读通鉴论》盖有余痛也。申商思想至韩非而大成，孝公商鞅之烈至吕政而已极。天乎？人乎？吾不得而知之矣。

附识：《韩非·定法》篇明徒法而无术之不可，因举秦自孝公商君死，其继体之主如惠武昭襄皆无术，故皆不辨人臣之奸，不能至于帝王，虽商鞅之法存犹无补也。盖极权之政为应付非常时代而兴，必人主有术，足以知臣下之邪正与异同，而一切以法绳之，使不得怀私挟异，不得离法而行，所以能齐一步骤而成帝业也，故法术二者，不容缺一。

五

韩非尚力,盖其师荀卿之思想有以启之。荀卿《天论》即强力之表现,其主张法后王,亦韩非所本。非之言曰:"古人极于德,中世逐于智,当今争于力。古者寡事而备简,朴陋而不尽,故有挑铫而推车者。王注:《管子·禁藏》篇云"推引铫耨,以当剑戟",即此所本。推车,谓推引其车。古者人寡而相亲,物多而轻利,易让故有揖让而传天下者。以上明古之可以德化,下言当今不可仿古。然则行揖让、高慈惠而道仁厚,皆推政也。谓如当今器用大进,乃欲返古之推车,愚者亦知其不可。今为治而求返古之德化,是如弃利器而返求推车也,故云皆推政也。处多事之时,用寡事之器,非智者之备也。当大争之世,而循揖让之轨,非圣人之治也。故智者不乘推车,圣人不行推政也。"《八说》篇。又曰:"上古之世,人民少而禽兽众,人民不胜禽兽虫蛇。有圣人作,构木为巢以避群害,而民悦之,使王天下,号之曰有巢氏。民食果蓏蚌蛤,腥臊恶臭而伤害腹胃,民多疾病。有圣人作,钻燧取火以化腥臊,而民悦之,使王天下,号之曰燧人氏。中古之世,天下大水,而鲧禹决渎。近古之世,桀纣暴乱,而汤武征伐。今有构木钻燧于夏后氏之世者,必为鲧禹笑矣。有决渎于殷周之世者,必为汤武笑矣。然则今有美尧舜禹汤武之道于当今之世者,必为新圣笑矣。是以圣人不期修古,在扶世之急。不法常可,古今异宜,故无常可。若执有常可而法之,是以愚悖道也。论世之事,因为之备。宋人有耕者,田中有株,兔走触株,折颈而死。因释其耒而守株,冀复得兔,兔不可得而身为宋国笑。今欲以先王之政治当世之民,皆守株之类也。中略。古者文王处丰镐之间,地方百里,行仁义而怀西戎,遂王天下。徐偃王处汉东,地方五百里,行仁义,割地而朝者三十有六国。荆文王恐其害己也,举民伐徐,遂灭之。故文王行仁义而王天下,偃王行仁义而丧其国,是仁义用于古,而不用于今也。故曰世异则事异。当舜之时,有苗不服,禹将伐之,舜曰:'不可。上德不厚而行武,非道也。'乃修教三年,执干戚舞,有苗乃服。共工之战,铁铦短者及乎敌,铠甲不坚者伤乎体,是干戚用于古不用于今也。故曰事异则备变。上言世异则事异,今言事异则一切预备以应万殊之事者,亦不得不随事而变。上古竞于道德,中世逐于智谋,当今争于气力。齐将攻鲁。鲁使子贡说之,齐人曰:'子言非不辩也,吾所欲者土地也,非斯言所谓也。'遂举兵伐鲁,去门十里以为界。故偃王仁义而徐亡,子贡辩智而鲁削。以是言之,夫仁义辩智,非所以持国也。去偃王之仁,息子贡之智,循徐鲁之力,循者,率由义。徐鲁当时恃仁智而不用其力,故削亡于齐荆也。今若由其自有之力而发挥强大,夫何患于齐荆乎? 则齐荆之欲不得行于二国矣。夫古今异俗,新故异备,如欲以宽缓之政治急世之民,犹无辔策而御駻马,此不知之患也。"[《五蠹》篇。]综上所说,可见韩非确承荀卿法后王之思想,而持论转激。韩非毁德反智而一以尚力为主,注意。所谓"去偃王之仁,息子贡之智,循徐鲁之力",此三语者,是韩非思想之根荄。其一切知见、一切论证、一切主张、一切作风,皆自毁德反智而一归于暴力之大根荄以出发。韩非使秦,当在韩王安六年,即秦始皇十四年,《史记·秦本纪》及《六国表》并以韩非使秦在始皇十四年,《韩世家》属之王安五年,五字误也,王先慎已辨正之。始皇未见非时已

15

读其书而深好之，及非使秦，始皇大悦，李斯欲陷之死，始皇犹赦之。韩非虽未见柄用，而其思想竟实行于秦皇，殆有天意乎？使无秦皇其人，则韩非之书恐亦徒托空言耳。个人乘势而显其特殊力量，无论为善为恶，其足以影响世运，固历史时有之事也。当时若无暴力之扫荡一切，晚周以后之局或别是一面目，不至如秦以来二三千年之固陋、委靡、长为夷狄盗贼宰割之局也。韩非学于荀卿。卿固主张强力者，然卿由道家而归于儒，以礼辅世，是秉正义以自强，亦以强而达其义也。强力以行义者，人性之正，人道所由致太平也。孔子以三达德授七十子。三达德者，曰智、曰仁、曰勇，七十后学著录之于《礼经·中庸》篇，此其昭明如日月，不容息灭者也。智而不仁不勇，是小慧也，非大智也，是私智也，非真智也。仁而不智不勇，是阴柔之德也，妇姁之慈也，非真仁也，非大仁也。勇而不仁不智，是虎狼之毒，洪水横流之暴也，非真勇也，非大勇也。三达德同体而异其方面，故曰，智仁勇，无可孤修其一而舍其二也。刚健创新而无退屈曰勇。浑然与天地万物同体曰仁。大明不息、周通万物曰智。三德一体也，人性之正也。去仁息智而独强其力，则暴力而已矣，反人性也。韩非学于儒而卒毁儒，其亦不善变矣。世或以荀卿之徒有韩非，遂咎及卿之学，此亦过也。尧舜有均朱，何伤于尧舜乎？天有浮云，地产荆棘，何伤于天地乎？

六

韩非之人性论，实绍承荀卿性恶说，此无可讳言也。荀卿由

16

道而归儒,其形而上学之见地犹是道家也。韩非援道以入法,其形而上学之见地亦犹是道家也。凡政治哲学上大思想家,其立论足开学派者,必其思想于形而上学有根据,否则为浅薄之论,无传世久远价值也。韩非绍承其师之性恶说,殆由其形而上学未能融会天人。荀卿已有此病,故言性恶。韩非同其师之病,故绍承师说。此一大问题容当别为专篇,合荀韩而论定之,今此不暇及,但征明韩非为性恶论者而已。通观韩非之书,随处将人作坏物看,如防蛇蝎,如备虎狼,虽夫妇父子皆不足信。卷五《备内》篇曰:"人主之患,在于信人,信人则制于人。人臣之于其君,非有骨肉之亲也,缚于势而不得不事也。故为人臣者,窥觇其君心也,无须臾之休,而人主怠傲处其上,此世所以有劫君弑主也。为人主而大信其子,则奸臣得乘于子以成其私,故李兑傅赵王而饿主父。为人主而大信其妻,则奸臣得乘于妻以成其私,故优施傅丽姬杀申生而立奚齐。夫以妻之近与子之亲而犹不可信,则其余无可信者矣。且万乘之主,千乘之君,后妃夫人适子为太子者,或有欲其君之早死者。何以知其然? 夫妻者,非有骨肉之恩也,爱则亲,不爱则疏。语曰'其母好者其子抱',然则其为之反也,其母恶者其子释。释,被弃也,不相抱持也。丈夫年五十而好色未解也,妇人年三十而美色衰矣。以衰美之妇人衰美,谓衰其美色也。事好色之丈夫,则身疑见疏贱,而子疑不为后,此后妃夫人之所以冀其君之死者也。唯母为后而子为主,则令无不行,禁无不止,男女之乐不减于先君,而擅万乘不疑,此鸩毒扼昧之所以用也。扼昧,谓暗中绞缢也。故《桃兀春秋》曰:'人主之疾死者不能处半。'人主弗知,则乱多资。故曰:利君死者众则人主危。故王良爱马,越王勾践爱人,为战与驰。医善吮人之伤,含人之血,非骨肉之亲也,利所加也。王良爱马,利所在也。勾践为战而欲士卒之死。故吮伤含血,亦为战之利也。故舆人成舆,则欲人之富贵;匠人成棺,则欲人之夭死也。非舆人仁而匠人贼也。人不贵则舆不售,人不死则棺不买。情非憎人也,利在人之死也。"卷十八《六反》篇曰:"且父母之于子也,产男则相贺,产女则杀之。此俱出父母之怀衽,然男子受贺、女子杀之者,虑其后便,男子于后为便也。计之长利也。男有养亲之利也。故父母之于子也,犹用计算之心以相待也,而况无父子之泽乎!"卷十一《外储说》篇曰:"人为婴儿也,父母养之简,子长而怨。明子之于父,无天性之爱也,随利养丰简为恩怨而已。子盛壮成人,其供养薄,父母怒而诮之。明父之于子,亦无天性之爱也,计利养而已。子父至亲也,而或谯或怨者,皆挟相为挟为己之私也。而不周于为己也。不周于为己,则谯之、怨之。皆挟至此为句。夫卖佣而播耕者,主人费家而美食,调布而求钱易者,非爱佣客也,曰:如是,耕者且深,耨者熟耘也。佣客而疾耘耕,尽巧而正畦陌者,非爱主人也,曰:如是,羹且美,钱布且易云也。此其养功力,有父子之泽矣,而心周于用者,皆挟自为心也。故人行事施予,以利之为心,则越人易和,以害之为心,则父子离且怨。"

　　上来所述,足征韩非以为人之性本无有善,凡人皆挟自为心,只知有利而已矣。韩非受学荀卿,卿言性恶,其所谓性,实就形骸而言,非孟子性善之性也。性善之性则指吾人所得于天命以有生者,是乃至善无恶也。夫无声无臭、备万理、含万德,而为万有之原者,是谓之天。即于天之流行不息,名之以命。天、命,名二而实一也。吾人禀天命以有生,譬如每一沤皆裹大海水以成沤形,每一沤之形虽小,而各各皆以大海水为其体,人人、物物皆具有天命全体,义亦犹是。即于天命在人而言,则名曰性。故性即命也,即天也。《中庸》曰"天命之谓性","之谓"二字宜深玩。只天命在人谓之性,非性与天命有层级之分、内外之判也。故性者即万理万德咸备之实体,不可疑其有恶根也。然而人之生也,便成为形气之个别物事,俗云我者是也,此我乃与我以外之人或物对峙,且不能不迫于实际生活,于是挟自为之私而处处计利,因此难全其天命之本然。人生有失其本性而物化之虞,有堕没之险,《大易·震》之《象》曰"君子以恐惧修省",正谓此也。佛氏临殁谓弟子曰"以戒为师",亦《震·象》义也。清儒郭善邻春山,平实士也,其《己说》曰:"世以己与我皆对人而立名,而义实有别。谓己则克就吾人性分而言,我则形骸也。故由己言之,天地万物皆一体,《论语》"古之学者为己",此己乃大己,即指天命之性言,非目形骸的小我也。春山己与我之分,盖从《论语》《中庸》会得。自我言之,膈膜之外,判不相属矣。只爱护膈膜,犹云爱护一身也,一身之外,皆痛痒不相关。公也、正也、明也、觉也、厚也、宽平也、和爱也,皆己之发用也;偏也、私也、迷也、妄也、矫也、执着也、残忍也、惨酷也、巧诈也、悍暴也,皆自我之见起也。充为己之量,足以保四海;推为我之尽,不足以事父母。《论语》言'君子求诸己',而孟氏断杨朱之蔽则曰'杨氏为我',其旨岂不深哉!"又曰:"己与人,对待之名也。己惟一,一者,绝对义,人能不役于形骸之私而全其己,则相对即是绝对,是人即天也。人则万殊,此言人者,形骸之名。内外、亲疏乃至智愚、善恶之不齐,此言人之万殊。必处之各得,裁之各正,然后会众人或众小我为一而克尽其夫己也。"此处颇改正原文。尽者即孟子尽性之尽,谓全体大用毕显,无一毫亏蔽也。春山《己说》言近而旨远,唯真见性者乃知性即是天,而所谓天者,非超越于吾人之上,盖人即天也。人之性,本万理、万德咸备,不可疑人性有恶根也。恶者,缘形骸而始起。物我对峙,而实际生活迫之,则自为之私不得不起,计利之念不得不炽。实际生活不可无也,不可轻鄙也。人无实际生活即不生,人不生即天不生也,故曰不可无也,不可轻鄙也。然而人或殉没于实际生活中,剥丧其天命之本然,是人不天也。人不天者,不成其为人也。然则人道当如何?曰:人必自识其性,必保住其天命之本然,毋以形害性,即形亦性也。无以人害天,即人亦天也。人而复其天,即无物我对峙见。无物我对峙见,即无自为之私。无自为之私,则天下之利不欲擅于我。利不欲擅于我,则与人均之。利均于人,则实际生活无非天理自然,是会众小我为一,以克尽其大己也。唯人易以形害性、以人害天,致陷于物我对峙中,有自为之私。我擅其利而剥人之利,故有教化。教之不率,故有政治与经济制度。政之失平,经之不正,故有革命。革命者,虽着手于实际生活方面,平其不平,正其失正,其要归于使人全其性,复其天,完成其大己也。今如韩非之说,只从人之形骸一方面着眼,专从坏处看人,本未尝知性,而妄臆人之性恶,妄断人皆唯利是视之天生恶物,是戕人之性,贼人之天,而人生永无向上之几也。悲夫!

　　韩非所訾人之恶行,吾儒非不知也。然此恶行非自性生也,人失其性而后流于恶也。儒者之道,顺人之性而为政教。故礼乐以养德,政刑以辅德化之所不逮,常因人之善端而扶勉之,使自由发展而无所禁锢、无所折挠,将令人皆由小我而会入大己。

故不遗实际生活而自超脱于实际生活，以发扬灵性生活。此人生之大乐，人道之至尊也。

韩非以为人性本恶，无可以诚信相与。其实，天下之为夫妇父子者，虽遗弃、劫杀与计较等恶行不必无，要皆由人之失其大己而任小我用事以成乎恶。而孝慈、义顺等常德，本于大己之发用者，固恒存于人心而未尝息也。父慈、子孝、夫义、妇顺，此皆常德之存乎人者，何容否认？佣之功力，主之优遇，其间实有正义感在。佣尽功力，主人不酬以优遇，必其心之不安也；主人优遇，佣不酬以功力，亦非其心所可安也。纵云各有自为之私夹杂其间，要不能完全否认正义感。使正义感全无，则人类决无可以一息通力合作者，而佣主之关系何由构成乎？韩非偏从坏处衡人，即依此等偏见以言治道，则将不外于猜防、锢闭、诱诳、劫制四者，凡韩非所为法术与秦皇所奉行横暴愚民之政，尽于此而已。斯非人之惨剧乎？

七

韩非之书，千言万语，壹归于任术而严法，虽法术兼持，而究以术为先。先者，扼重义，非时间义。术之神变无穷也，揭其宗要，则卷十六《难三[1]》篇"术不欲见"一语尽之矣。引见前。卷十七《说疑》篇曰："凡术也者，主之所以执也。"此一执字甚吃紧。执有执

---

[1] 原作"难四"。

持、执藏二义。藏之深，纳须弥于芥子，须弥，大山也。芥子，极微之物
也。纳万众视听于剧场之一幕，天下莫逃于其所藏之外，亦眩且
困于其所藏之内，而无可自择自动也，是谓执藏。持之坚，可以
百变而不离其宗。持之妙，有宗而不妨百变。是谓执持。不了
执义，则不知韩非所谓术也。卷一《主道》篇曰："道在不可见，
用在不可知。虚静无事，《难三[1]》篇云"术者藏之胸中"，是虚静而无所
事也。以暗见疵。暗者，执藏之深，使天下失其知见，故曰暗也。人以其暗
也，必有不安于暗者，将或疵之。王先慎注大误，此未取。见而不见，闻而
不闻，知而不知。虽明见有疵者，吾犹若不见也。乃至明知有疵者，吾犹若
不知也。知其言以往，勿变勿更，以参合阅焉。知天下疵者之言虽众，
吾仍不变更吾之所执，但取众疵之言以参合阅，而悉天下之情，乃有以待之耳。
官有一人，勿令通言，则万物皆尽涵。人主因事而设官，各方面之事必
有主管之官一人，使各治其事，而勿令彼此得通言，即使彼此互相隔、互相伺、
互相监，而后莫不各举其职。由此，则臣下无敢以私相比合为奸利者，是人主
虚静无事于上，而万物尽涵之也。掩其迹，匿其端，下不能原。祸福之
加，忽焉不知其至。得失之故，茫乎莫知所由。故曰掩迹、匿端也。如此则下
无原以侵其主之所执。原者，因由义。去其智，绝其能，下不能意。不使
人有其智，不使人有其能，故下不能有自由意志，唯从人主之所向而已，所谓天
下皆游于羿之彀中是也。保吾所以往而稽同之，人主保持其所以往者，稽
之天下而责其同，不许有异动也。谨执其柄而固握之。握之固，则柄不
失。绝其望，不使人有异动之望也。破其意，不使人有违我之意也。毋
使人欲之。不使人得自行其所欲也。不谨其闭，不固其门，虎乃将
存。虎谓叛者。不慎其事，不掩其情，贼乃将生。中略。大不可量，

---

[1]　原作"难四"。

22

深不可测，同合形名，形名，后详。审验法式，以吾所素定之法式审验之。擅为者诛。"以上旧注家皆莫解。《有度》篇曰："顺上之为，从主之法，虚心以待令，而无是非也。故有口不以私言，天下臣民，若离其主之所执而发言，是私言也。必不可有私言。有目不以私视，若离其主之所执而有视，是私视也。必不可有私视。而上尽制之。"天下众口、众目，尽为人主所控制也。卷十八《八经》篇曰："明主不怀爱而听，怀爱而听，必为所爱者惑，而听失其聪矣。不留说而计。人臣因事进说者，虽其说似有当，人主亦勿遽留恋于心，必更集他方面之说以相参验，而后得自用其智力以取舍众说而断其事。若遽闻一说便为所动而留恋之，则智已囿于一隅，何堪计事乎？故听言不参则权分乎奸，人主偏听而不参各方之言，则奸臣得惑主而夺其权。智力不用则君穷乎臣。人主不知参验群言，则自废其智力，故为臣下所穷也。故明主之行制也天，旧注：不可测也。大误。行制谓行其制度法令，则权力至尊无上，如天也。其用人也鬼。旧注：如鬼之阴密。天则不非，君权无上，故不可非。鬼则不困。旧注：既阴密，谁能困之？势行、教严，乘势而行，教令必严。逆而不违。"时或因势而易所行，变所教，与素行之教令若逆者，实则不违其一向固定之宗也。综上所述，韩非为极权主义。其言术者主之所执，此执字含有执藏、执持二义，从上述诸文已可断定，无谬解也。此亦夙闻诸熊先生者。晁公武谓韩非极刻核，无诚恻。其言自是，而未免肤泛。彼于其大不可量、深不可测处，覆看前引《主道》篇。全无所窥，但言刻核，岂知韩子乎？近世德国希魔以极权震一世，而求其意量所含，大无不包，深无不极，材略之运远无弗届，迩亦弗遗，极天下之险阻幽深而不测者，希魔实不足语此。夫图远略者，狡变而不可失举世同情，横行而不可孤立无友，否则远未得而迩已遗，希魔之失一也。德国民族优越感,过狭隘,无以包含天下之大,狂逞而不知足,昧老聃危殆之戒,希魔之失二也。然中国人受外人侵凌太久,难与强大并存,更无可言平等互惠,则民族思想亟宜提醒。鸟兽犹爱其类,何况于人? 智仁勇三德并进,是在吾国人自尊自爱。余读韩子之书,想见其为人,庶乎近之矣。韩子雄奇哉! 惜其思想误入歧途,致启秦政暴力,遗害天下万世。使其无逞偏见而深究儒术,则经世之略当有为孟荀所不逮者。熊先生曰:韩子愤韩之积弱,思以强权振起,强权不便于民主,故韩子于《春秋》之民主思想弗受也。秦韩近邻,而秦自穆公以来,世用客卿,韩子所深知也。六国之才,或长于政,或长于军,仕秦者众矣,而韩子独不入秦。彼本素不见用于韩王,及急,遣使秦,犹劝秦存韩,竟以此为李斯致之死。可见其爱国情思深厚,其风节孤峻。使韩子生今日,余为之执鞭,所欣慕焉。熊先生此论至平允。韩子论政虽刻核,其志节可谓诚悃极矣。

附识:有问:"韩非之言术,似与共产党近。"熊先生曰:韩非是霸王主义,与共产主义势不两立。使韩非于儒家《春秋经》之民主思想有得,而以彼之能用术,戮力向当时七国民众作真民主运动,则秦自商鞅孝公以来之兼并政策必自毁无疑。惜乎韩非不悟及此,欲以弱小垂毙之韩而行霸术,殆不可能,竟以其术资秦人之成功也。孟子唱民贵之论,所以摧霸王。但其持论嫌简,而又无韩非之术,孟子本人亦非实行家,世无文武为之主,故其说弗行耳。共产主义本为全世界无产大众求均平,其宗在此,与儒家思想并无甚不合处。又曰:共产主义国家,如其策略近于韩非之霸王主义,使无异自毁，万不可以韩非思想与共产主义相提并论也。

韩非之言术，可谓致广大极深微矣。然至欲尽其能事，使天下人有口不以私言，有目不以私视，而上尽制之，斯不亦危哉？术固可万能至是乎？人主用术，何由而得无失乎？韩非已虑及此，是以归本于道家也。卷一《主道》篇曰："道者，万物之始，旧注：物从道生，故曰始。是非之纪也。凡事合道则是，违道即非，故道者，是非之纪。是以明君守始以知万物之源，治纪以知善败之端。始吾何守？守则虚静而已。纪于何治？治之以形名而已。自此以下，酌提行，并逐句为注，以便读者注意。

故虚静以待令，人君发令者也，而曰待令，何耶？君非有意于发令也，直虚静以待之耳。有意于为令，则物情将窥吾之意而自雕琢，吾无从知物之情实。

令名自命也，一事有一事之名，一事之为得为失、为善为恶等等，又有其名，推之万事皆然。故名亦至繁矣。孰司其令而命之名耶？无有发令者也，直令名自命耳。是非、得失、善败诸名，吾人何尝以意命之哉？直是名之自命耳。名善、名败乃至种种名，皆其自命耳。彼自命之，故我不得以意乱之，善不得名恶，败不得名成，其为自命何疑？明夫名之自命也，而后可语逻辑正名之事，其旨深哉！此等处，从来读者每不求甚解。

令事自定也。此一事也，彼一事也，何以有彼此之异？事之好也曰好，事之丑也曰丑，何以有好丑之殊？则事各有定形也明矣。然则孰司其令而使一一事各定而不可淆耶？无有发令者也，直是事之自定耳，此事彼事、好事丑事乃至无量事，一一皆自定。易言之，即事各有定形也。明乎此，则无可变乱事实矣。此等处，从来读者亦皆恍惚过去。凡文义或理道之难穷也，粗心人皆以不解为解，及有为之疏释者，彼犹忽视，无复深玩，此可慨耳！

虚则知实之情，静则知动者正。 名本自命，即名自有实也，然而人主每不能循名以责实，何耶？其心不能虚故也。不虚即任私意，而名实淆乱矣。事本自定，则事之为此为彼、为好为丑，当可于其事之发动时即明知之而无有迷妄，是谓知动者正。正者，不迷妄义。夫知之得正者，必由心静。不静即私欲憧扰，一涉变动纷繁之事，即迷妄分别，何有正知可言乎？俞樾谓知动之知当作为，殊误。

有言者自为名， 上言名自命者，名必有实故也。如方之名方，圆之名圆，皆既命之而不可易者，以方名、圆名各有其实故也。名各如其实而不可乱，所以说名乃自命也。但有虑者，凡事善败等名，虽本自命而人则能言之物也，有言者可以不依于名之自命而任私意以自为名，如以鹿名马、讳败而名成等，如此则名不应实，人主将奈何耶？

有事者自为形， 上言事自定者，事之为彼为此、为好为丑，本各有定形，厘然不淆乱也。然而人之有其事者，可以不依于事之本形而任意以自为形，事之本形可以隐蔽而变乱之，人主又奈何耶？以上旧皆不知其解。

形名参同，君乃无事，归之其情。 夫有言者可以自为名，即违其名之自命；有事者可以自为形，即违其事之自定。人君将无术以处此乎？曰：不然。夫名者，事之名也，事之形本自定，故事之名乃自命也。就事言之，善事之形不同乎恶，是善形本自定也，败事之形不同乎成，是败形本自定也。就名言之，善事名善，不可名恶，是善名本自命也，败事名败，不可名成，是败名本自命也。明乎此，则人君但审合形名，便得其情实，夫何难处之有乎？（审合形名一词，见卷二《二柄》篇。）执名以验形，（形者，事之形，已见前。）考形以审名，形当名，（当者，符合义，下同。）名当形，是谓形名参同。（参者，参验，参验之而无不当，曰参同。）如奸人以败事而冒成名，君循名以考形，则形名之当否可立辨。善类遭妒害而被恶名，君按形以审名，则形名之当否亦立辨。人君常守虚静，无私意，无偏听，谨修形名，而万物之情实无不得。故曰君乃无事，归之其情。

故曰：君无见其所欲， 心常虚静，自无所欲予人以可见也。**君见其**

所欲，臣将自雕琢；臣将因君所欲而自雕琢以称合之，则上所谓有言者自为名、有事者自为形，实由君自见其所欲，故臣得自雕琢以称之也。下文可类知。

君无见其意，君见其意，臣将自表异。故曰：去好去恶，臣乃见素；君无好恶形见于外，则臣不得饰伪以伺君，故云见素。素者朴素。去旧去智，旧者，习染；智者，机智。臣乃自备。备者，戒备。君有习染与机智，臣则可觇知而利用之。今君都无，臣乃无所施其技，故自戒备，莫敢为非也。

故有智而不以虑，使万物知其处；君有明智而不自用，故云不以虑。唯君不自用其智虑也，故天下众智皆得自献于君，而万物之情状无所匿，故云使万物知其处。有行而不以贤，有行，谓有贤行也。君有贤德之行而无自贤之心，故云不以贤也。王先慎谓当作有贤而不以行，甚无义。古人字句虽间有对比，但乘文便，不似后人雕琢也。观臣下之所因；因者，由义。君不自贤则心虚，而可以观臣下之所由，得其贤不肖之情。有勇而不以怒，使群臣尽其武。不怒者，不自矜夸逞强也。大勇不怒，故天下勇健之士愿归心焉。以项羽与汉祖相较，项则勇而怒者也，汉祖则有勇不怒者也。当时天下雄猛悉归刘而不归项，项氏始终用一身之勇以自亡而已矣。又复应知，唯有勇不怒者，方能养天下人以进于勇健。清末以来，乘势而兴者，大勇怒一身之勇，而不知养天下之勇，将才猛士，荡然不可得矣。当竞争之世，其国民若只有怒乱之习而无雄武之风，其族类难存，可痛也夫！

是故去智而有明，君去智，则集天下之智而有其大明。去贤而有功，君去自贤之心，则得天下之贤成大功。去勇而有强。君不自逞一己之勇，则能养天下之勇，而民莫不自奋于强。群臣守职，百官有常。因能而使之，是谓习常。故曰：寂乎其无位而处，居位而若无，寂故也。寥乎莫得其所。虚静无为也。明君无为于上，群臣竦惧乎下。明君之道，使智者尽其虑而君因以断事，故君不穷于智；贤者效其

27

材，君因而任之，故君不穷于能。有功则君有其贤，君能用人以立功，不归贤于君不得也。有过则臣任其罪，臣受君之委任，故有过则君必罪之。故君不穷于名。臣下有功，皆归贤于君，故不穷于名也。是故不贤而为贤者师，君不自贤而为贤臣师。不智而为智者正。为臣下所取正。臣有其劳，君有其成功。此之谓贤主之经也。"

详上所述，韩子虽主极权，并非昏狂之徒所可用，亦非阴鸷沉雄、机智深阻、狡变不测者遂可行使极权而无害。亦非至此为句。商鞅、孝公始用秦以开霸业，而韩子犹不许以用术，但称其为法而已。《定法》篇曰"商鞅为法"，引见前。孝公已狠，吕政阴鸷，视孝公尤无道，韩子必心薄之，故同学李斯事政而韩子不肯往。韩王安因迫于秦师，遣之使秦，韩子不得不往。观韩子之志，视吕政当如腐鼠耳。然政卒妄袭其说，以遂兼并之欲于一时，终自亡而已矣。韩子极权之论，必有道者而后可行，无道而恃其阴鸷以用之，虽逞志当时，而祸害之中于苍生者无已也。

熊先生曰：有道之君自去智，而用天下之智以断事矣。同时，即使天下人亦不得自有其智。何则？天下之智，同赴于君之所执之宗与的，的，则射者之鹄的，言所以达其宗者也。无有敢离君所执而私用其智者也。君去贤，而用天下之贤以成功矣，同时即使天下人亦不得自矜其实。君去勇，而用天下之勇以尽其武矣，同时即使天下人亦不得以勇而敢怒。天下之贤、勇共集于君所执之宗与的之前，无可贰心而易向也，此韩子之极权主义也。君去智、去贤、去勇，而有所不可去者，术也。术者，君之所执也。见前。若无所执，君其为块然之土或荡然之空乎？若尔，则极权谁操之耶？去智，非灭智也，去一己私智或有限之智，而集天下之智,以成无限大智也。去贤、去勇,可以例知。

术之一词,在《韩子》书中似未有定义。此等名词其意义宽广无边,本难下定义,然详玩之,彼所言术,似含有宗主与谋略、机变等义。宗主亦省言宗。如倡导某种主义及某种政策,用以唤起群众者,此术之宗也。其谋略、机变等,则术之随时随事运用不穷者也。机变一词,通常用之,即含劣义。实则机变,如用以达于正当之目的,亦无劣义。唯诡变失正,乃劣义耳。

难者曰:"如熊先生言,君去智而用天下之智,乃至去勇而用天下之勇,不亦儒者尚贤之论乎? 似非韩子本旨也。"曰:否,否。韩子以为儒者主人治,所谓尚贤是也。其用人也,则务求天下贤智而登庸之。韩子兼持法术,其用人也,必一依于法以为进退。法非许人无功妄进者也,亦不予无过而妄黜也,故不于法之外而别有所谓尚贤之意,此韩子主张也。人君唯依法用人,而不自智、不自贤、不自勇,使臣下各得献其智、贤、勇而举其职,故曰人君用天下之智、贤、勇也。是人君之所以能操术而行法也。熊先生于此,只依上述《主道》篇一段文意而申说之,其于韩非本旨无失也。

卷二《扬权》篇曰:"权不欲见,素无为也。操天下之大权而用人图治,要在虚以应物,不予人以窥测己之好尚,故曰不欲见。素,空也,心无所着曰空。无为者,非真无为作也,人君不以一己之私智或小智而为作,使群工各举其职而万物皆作焉,乃曰人君无为耳。

事在四方,要在中央。四方,谓臣民。中央,谓君主。圣人执要,四方来效。虚而待之,彼自以之。旧注:以,用也。君但虚己以待之,臣民则各自用其能也。四海既藏,道阴见阳。四海之大,皆藏于人主之一心。阴，谓君所执之术密运诸心，故曰阴也。阳，动也。道，由也。由阴密之术而宰天下之动，故曰道阴见阳。旧注皆非。

左右既立，开门而当。左右，谓左辅右弼也。韩子主极权之治，君独裁于上，则政府不立总揆，但置左辅右弼二人以承宣君命而领百官、理万几。辅弼既立，则同声相应，同气相求，四方贤才毕来，君但开门而当之，无有拥蔽也。

勿变勿易，与二俱行。行之不已，是谓履理也。"人才既集，不得变易君所执之宗与的。（宗义、的义，皆见前。）二谓辅弼，辅弼为君之所亲信重任，中外百执事，但从辅弼以俱行，无敢怀异志。行之久而不已，则履理也。理，谓轨范；履理，犹俗云政治上轨道，即万事不劳而理。

《扬权》篇又曰："**上下易用，国故不治。**旧注：上代下任，下操上权，则国不治。

用一之道，以名为首。一谓主权，主权不可分，是谓一。旧注皆非。上持大权以御下，其道何由？曰：必也正名乎，故名为首。

名正物定，审名以辨物，是非善恶，类别而不可乱，如黑白分明，是谓物定。**名倚物徙。**倚，不正也。徙者，物不定也。如指鹿为马及黑白不分之类。

故圣人执一以静，此中一者谓道。圣人守道以静，静则心虚明，无有私意私欲，故可审合形名也。**使名自命，令事自定。**执一以静至此，见《群书治要》引《尸子·分事》篇，但"使名自命"句，使字作令。按使作令，是。韩非言术，本宗申子。《主道》篇云："令名自命也。令事自定也。"此中使字当亦作令。《主道》篇引见前，已加注，可覆玩。令名自命，令事自定，则形名参同而名实不乱，治道成矣。**不见其采，下故素正。**不见采者，圣人守静，意欲不形，臣下以故守素而趋于正。**因而任之，使自事之；**旧注：因其事而任之，彼则自举其事。**因而予之，彼将自举之；**旧注：因其事以予之，彼则自举

30

之。**正与处之，使皆自定之。**以上名举之，臣工所任之事或成或败等，皆彼自定之，在上者则从而举其名以正。正者，谓形名审也，如败不名成，善不名恶，审合形名，无可淆乱，政所以成。**不知其名，复修其形。**不知其名者，是非未定，名无从正也。修，治也。名以表事，名未正，则谨治其形。形者，事之形，考定事形，则是非著明而名可正矣。**形名参同，同其所生。**名以表事，是名者，形之所生也。形待名诠，是形亦名之所生也。故形名参同，乃互用其所生，以审其同也。旧注甚不通。**二者诚信，下乃贡情。**二者，谓形名，参同，即名实不乱，是谓诚信。如此则臣下不敢欺上，而皆尽情以举其职矣。**谨修所事，待命于天。**天者，自然之理，必至之势也。**毋失其要，**要者，虚静也。**乃为圣人。**圣人之道，去智与巧。智巧不去，难以为常。用智巧，必背正道而行险贼，故不可以常。民人用之，其身多殃；主上用之，其国危亡。**因天之道。反形之理，**形者，事也。**督参鞠之，终则有始。**既去智巧，上因天道。更反而究事形之理，督考参验鞠尽之。其事之终如此，必有所从始，非无因而至也。终犹言果，始谓因。[1]

附识："因天之道"以下，旧注"上因天之道，下则反形之理，二者督考参验鞠尽之"云云。熊先生曰：天道为体悟所及，非知识考验之事。上因天道句宜截断，"反形之理"至"终则有始"不当连上为解。旧注二者督考云云，大误。天道以虚静而成化，万物消息盈虚，一任自然，而天无私意也。圣人因天，故不肯为狂风骤雨。德国希魔之徒不能悟此。反形至有始，宜作一句。形者事也，事之理，犹言物理，必督

---

[1] 从"既去智巧"至此，原本作正文格式，与上下文不类。疑系排版之误，故改。

考参验鞫尽之,以得其因果律或公则。诚能精析物理,则于群情与世变,必能数往知来、推显至隐、举类迩而见义远,必不至迷妄无术也。旧注以督参鞫之兼上因天道而言,不悟韩子于天道明明着一因字,是为透悟者说,未悟则不知因也。事物之理,却要督考参验鞫尽之,以得其律则。此等文义,万不可误。又曰:韩子言圣人去智巧,故其得力处全在因天道、究物理,此其能术之所本也,能术犹言能有术。可见用术之所以必出于正也。余谓吕政之徒如腐鼠,正从此处见得。后世阴鸷之流,纯以智巧运术,而生人之祸亟矣。愚闻此,因叩曰:尧舜汤武诸圣人,庶几去智巧而能术者乎?先生曰:尧舜时,天下才由无数部落而进为众多国家,二帝却从政治、经济、文化等方面力谋统一,而巩固万国共宗之王朝,此岂无术可能? 汤武时,群侯竞争,世变已复杂,非有术,何能开治平之运? 但用术不可凭智巧。汉以来儒者,只管说三代圣人以道为治,而不言圣人有术,则圣人几成笨物矣。其实圣人自有术,但其用术始终不违道,所以为圣人之治。近世列强之才,于物理知识方面确有训练,惜于天道不肯究,此个关系不小,余难仓卒言之。韩子"因天之道,反形之理"云云,近人有下一句,失却上一句,所以不堪担荷世运。先生此段语,深可味。

虚以静后,未尝用己。旧注:常当虚静以后人,未尝用己而先唱。熊先生曰:此本道家主张,却须善解。汉以后之人受此影响,便一意全身远害去,乃失老子本旨。政治、经济等等,合要大改革时,而群迷犹多不悟。有道者明知之,何忍不用己先唱?但既投身天下,当事变之冲,却要因天道、察物理,不由得一己横冲直闯去。如舟行遇大风,随波涛上下,完全不可用己而唱先去强犯波涛,只有虚静以后于波涛,相机而进退以随之。恰巧怪极,明明我随顺波涛,似我不胜他,然实以我随顺波涛而令惊涛骇浪无法胜我,终是我改造了他。此一譬喻,最可形容道家意思。道家此等语,正为身当大任者说,非是教人退避世外,作驯羊以待屠宰也。是为大人御世者说,非为细人藏身者说也。然虚静以后于狂潮,而乘其机以进退,此事大不易,非见几远者,不能乘几,即不知进退。如第二次世界大战,希魔一意用己先唱,知进而不知退,此由不能远见于几先,故有亡国覆族之祸。而英之张伯伦又怯且偷,一意后人,养虎自贻患,英之危如累卵,其去亡也无几,此亦不能远见于几先,与希魔同病也。易曰"知几其神乎",非虚静而不离于道者,何可知几?韩子之学,足以语于知几否,吾不能知,然能知致虚守静之要,斯可谓立本矣。知几而后可言术,故术非智巧可能也。智巧者,阴鸷之狂慧,可以侥幸一时之利,以此谋天下事,终当祸苍生以祸己也。秦政不得韩子之真而窃其似,卒蹈于凶,万世之殷鉴也。

夫道者,弘大则无形;德者,核理而普至。德者,道之德用。夫言道者,亦言其德用而已,离德用,无以见道,故德即道也。核字连理字为词,未详其义。熊先生曰:核(覈)当作覆,道之德用布覆万物,使万物各成条理而不可乱,故曰覆理。德无不行,故曰普。**至于群生斟酌用之**,群生禀德以生,日用一皆本其固有之德也。然有生者限于形,不克显其全德。草木有生机,鸟兽有知觉运动,人乃有灵性,凡物各于所禀大道之全德而有所用,要未能尽量显发之也,故曰斟酌用之。**万物皆盛而不与其宁**。物之盛也,固皆禀道而生,以成其盛。然道德非有作意,故未尝与物以宁,直物之自宁耳。**故曰:道不同于万物**,旧注:能生万物。**德不同于阴阳**,故能成阴阳。**衡不同于轻重**,故能量轻重。**绳不同于出入**,故能正出入。**和不同于燥湿**,故能均燥湿。**君不同于群臣**。故能制臣民。举臣即摄民众。**凡此六**

33

者,道之出也。六者皆自道生。道无双,故曰一。无双犹云无对。是故明君贵独道之容。旧注:道以独为容。按独者,绝对义。君臣不同道,下以名祷,一法之布、一令之出、一政之行,皆名也。名者,上之所操,下不得自主,唯以此祷于上,而受之以供职。君操其名,臣效其形。形者,事也。臣守职以举其事曰效。形名参同,上下和调也。"

　　韩非主独裁,主极权,其持论亦推本于道,故曰"道不同于万物"乃至"君不同于群臣",又云"道无双,故曰一",又云"明君贵独道之容",此则于本体论上寻得极权或独裁之依据。史公谓其大要皆原于道德之意,诚为确评。极权之治,人主不可无术。无术则不能督率臣下使之各举其职。术非苛察之谓也,苛察可偶行于细务,不可以持大体。人主好苛察,臣下将结其近习,以营私而废公。如是者,其政昏乱,其国危亡。故人主能术者,欲修其治,莫如形名参同,上持其名以参验臣下之事形,而严责其效,不效则重罚加之。故术与法不相离。务使形名审合,无有差失。如是而不治者,未之有也。《扬权》篇有曰:"黄帝有言'上下一日百战'。下匿其私用试其上,上操度量以割其下。度量谓法度。故度量之立,主之宝也;党与之具,臣之宝也。臣下厚结党与,便可夺上之权而行其私。有道之君,不贵其臣。不使臣得私结党成贵重之势也。臣下党与势重,则主权将倾也。内索出围,必身自执其度量。臣庶四面谋君,常欲使君在牢围中长受锢闭。今君求出围,必身执度量以割断臣下之势,使其阴私不得逞。毋使民比周同欺其上。"又曰:"欲为其国,必伐其聚。聚谓背君而结党者。不伐其聚,彼将聚众。"韩子言治内之术虽多端,而要在统一臣民之思想与意志,使皆不得有异动,故有"为人君者数披其木,毋使木枝扶疏;数披其木,毋使木枝外拒;数披

34

其术,毋使枝大本小"等语。<small>外拒谓枝之旁生者将向外发展而拒其本干。</small>
<small>案今之清党,亦拔木之旨。</small>韩非殆以为圣人独裁于上,故天下不当有
离异,颇有宗教意味。此说竟为秦政所完全采用。夫极权之治,
固须集中力量,然学术思想不可束于一途。宇宙无量,理道无
穷,各宗派之说,宜任其自由发展、互相观摩为最合理,否则其民
群思想凝滞而活动力亦随之消失。中国秦以后之历史已足证明
此事。政治上主张不必同者,如退而在野,不至有越轨破坏之
举,其持论或有当于当世利弊者,犹当采用。此为诤友,何可不
容其存在? 社会本由各分子相集而成全体,如人身由百骸六脏
集成全体,若有一部分亏损,必影响其全体难以久支,此人人共
知之事。韩非数披其木之术,徒为秦政辇教猱升木,而祸害中于
国家民族永不可拔也。明祖起寒微而陟帝位,行独裁之政。汉
以后开国之主,杀人最多者无如彼。元人入关九十年,惨毒与贪
污之风影响于社会者至深至大。明祖初兴,既力革元政之污习,
又猜防同起草泽之枭桀,其不能不辟以止辟,亦可谅也。然明祖
自感杀人已多,而天下反侧之图与犯罪之行并不少止,颇戚戚于
心,思求其故,乃遍读五经,而无所悟,不得已,复读《老子》。至
"民不畏死,奈何以死惧之",乃恻然感悟曰:余欲以杀使人惧死
而易念,是大误也。自是专意政教,不复以杀为治术。当时元人
在塞外,势力犹盛,而明祖卒能保固神州者,幸有此一念觉悟耳。
否则残杀不已,民之懦者日毙于刀斧,强者挺而走险,社会恐怖
无止境,残破无止境,元气无恢复期。外祸将复深入,明祖不与
族类同毙不得也。人生何乐而为此乎? 韩非数披其木之说,不
独非治道,实非人道也。中国经秦政之暴虐,迄今不振,韩非不

得避作俑之愆也。韩非本学道者，胡惨酷至是乎？熊先生曰：道家下流为申韩，非无故也。儒者本诚，而以理司化；老氏崇无，而深静以窥几。墨子兼爱、兼利，依于正理，儒之别子也。墨子似未破统治，然主兼爱、兼利，则民主思想之根本也。老氏则去儒渐远矣。夫深静以窥几者，冷静之慧多，恻怛之诚少。又凡先天下而识几者，不用世则已，如用世，自有天下皆芒之感，而果于独用其明。果于独用，未有不力排异己。韩子言术，不觉惨酷，亦道家启之也。

　　卷十三《外储说》有曰："田子方问唐易鞠曰：'弋者何慎？'对曰：'鸟以数百目视子，子以二目御之，子谨周子廪。'廪谷，弋者所藏之以饵鸟，而因以获鸟者也。弋者须周备此廪，而防鸟之偷取。田子方曰：'善。子加之邑，我加之国。'子方谓唐，宜以谨廪之道推之于治邑，而自谓当以此道推之于治国也。郑长者闻之，《汉·艺文志》道家有《郑长者》一篇，云六国时人。先韩子，韩子称之。熊先生曰：长者当是列御寇。曰：'田子方知欲为廪，弋者欲获鸟，必自为廪。今欲治国而可不自为廪乎？长者言子方之智只及此。而未得所以为廪。长者意云：无为而无见者，是所以为国之廪也。子方之智不及此。夫虚无无见者，廪也。'一曰，齐宣王问弋于唐易子曰：'弋者奚贵？'唐易子曰：'在于谨廪。'王曰：'何谓谨廪？'对曰：'鸟以数十目视人，人以二目视鸟，奈何其不谨廪也？故曰在于谨廪也。'王曰：'然则为天下何以异此廪。今人主以二目视一国，一国以万目视人主，将何以自为廪乎？'对曰：'郑长者有言曰"夫虚静无为而无见也"，其可以为此廪乎？'"无见者，谓人君虚静无为，即无意欲形见于外，国中臣民皆不得窥伺君心以售其奸也。此事有两说，一云田子方，一云齐宣王,韩子两存之。

熊先生曰:韩非以为人主之能术者,其要在虚静无为而无见也。韩非于虚静无为似曾用过工夫,非虚言其理而已。《解老》篇有曰:"聪明睿智,天也;动静思虑,人也。人也者,乘于天明以视,寄于天聪以听,托于天智以虑。故视强则目不明,听甚则耳不聪,思虑过度则智识乱。目不明,则不能决黑白之色。耳不聪,则不能别清浊之声。智识乱,则不能审得失之地。目不能决黑白之色,则谓之盲。耳不能别清浊之声,则谓之聋。心不能审得失之地,则谓之狂。中略。书之所谓治人者,书谓老子《道德经》。适动静之节,省思虑之费也。所谓事天者,不极聪明之力,不尽智识之任。苟极尽则费神多,费神多则盲聋悖狂之祸至,是以啬之。啬之者,爱其精神,啬其智识也。故曰:'治人事天莫如啬。'"又曰:"众人之用神也躁,躁则多费,多费之谓侈。圣人之用神也静,静则少费,少费之谓啬。"又曰:"知治人者,其思虑静。知事天者,其孔窍虚。思虑静,故德不去。孔窍虚,则和气日入。故曰重积德。中略。积德而后神静,神静而后和多,和多而后计得,计得而后能御万物,能御万物则战易胜敌。"详此所云,韩非盖尝用致虚守静之功以养其神,栖神于静而不妄费,是谓无为。无为也,则意欲不形于外,而天下莫得窥其藏,是谓无见。无见,则天下不得窃窥以制我,而我则守静以待天下之动而识其几,乃以静制动,不患无术矣。故韩非之术,终不免出于阴深、流于险忍。熊先生此论,深入韩非骨髓。韩非从道家转手之故,亦于此可见。

熊先生又曰:道家功夫,唯致虚守静。儒者非不虚静也,而

要在思诚。思诚二字虽见于《孟子》,孟固学孔者也。孔子于
《易》曰"立诚",于《论语》曰"主忠信",忠信,诚之异名也。说见
《读经示要》第一讲。故思诚者,孔子之旨也。《孟》曰:"诚者,天之道
也。思诚者,人之道也。"此义得之《大易》。夫真真实实曰诚,是
为万化之本、万物之源,儒者则名之以天。老氏所谓道,亦就万
化之本、万物之源而言,然老氏却以虚无言道体,其体悟及此而
止矣。儒者言天,曰无声无臭至矣,何尝不虚无? 然不于此处扼
重,特于天而指名之曰诚,此是儒家体悟亲切处。余年二十前
后,厌儒书平易而深喜道。三十后,更探佛氏大乘法而酷嗜之,
四十五十后卒归于儒。此中有千言万语难为人说。世有智者读
吾《新论》、《新唯识论》。当自知之。夫于虚无而见诚者,方是真本
真源。徒悟虚无者,难为依据。此意不可向浮慧者说。儒学主
思诚,思诚者,尽人合天之学也。合天者,通物我为一体。通物
我为一体者,其行政教则因人生固具之天即所谓性。而涵养之、
扶勉之,以进世界于大同太平,驯至天地位、万物育之盛。儒者
非不知人之生也形气限之,有迷执小我形气之躯。而失其天德以
造作无量罪恶之趋势。非不知至此为句。然儒者终不持机诈以制
驭人,要以养其天德为主。韩非盛称弋人谨廪之故事,则纯恃机
诈以驭人,是残忍之术也。儒者决无事于此。儒者亦非无术。
余固尝言儒者本诚而以理司化,言化即不得无术,但其术非弋人
谨廪之术。儒家经籍中,有一极精警之语曰"未有学养子而后嫁
者也"。夫女子未嫁时,从不学养子之术,及已嫁而有子,则其养
子之术至繁琐、至周密、至微妙,皆不学而自能者,何耶? 彼不知
其子与己为二也。彼之爱护其子者,一出于诚而不自知所以也。

诚之至而术自出，无事于学也。儒家经典谓"王者为民之父母"，天下之所归往曰王，圣人领导天下，故称王，非必以为君主方谓之王。此中意义深远，惜从来学者作平常语句，轻忽过去。父母于子无彼我之分，爱护之如其自护自爱也。唯然，故父母教养其子，尽心调顺扶导。调顺一词，意义无穷。佛度众生，特注重调顺，亦取法父母之道。扶者扶助，导者引导。时或不便调柔，不堪随顺，则严加禁戒，纳之正道。其子苟非生而气质顽劣特甚者，当其受戒，立即感悟。子既长成，巍然独立，秩然自由，完其天赋之良知良能，一切不曾受损，一切无所阻遏。其所以如此者，则父母于子无有我与非我之对峙观念，非若霸者视天下群众为自我以外之物也。既无我、非我对峙，即无自视为统治者之观念。无自视为统治者之观念，即无宰制其子之观念。父母知识劣者，或有于子施不适当之干涉，然此是智识问题，究非若霸王以群众为其所宰制之物也，此须严辨。无宰制其子之观念，故有调柔随顺，有扶持引导，皆所以养成其子之独立自由与发展其子之天赋良知良能。即或严加禁戒，亦所以养成其子之独立自由与发展其子之天赋良知良能。何则？父母之禁戒其子，本于一体不容已之爱护，非有宰割劫制之意欲存于其间，故其子于精神物质任何方面不唯无压抑之感，而只觉严父慈母春温秋肃气象，其感发兴起于无形，不能自明所以。如人不谢覆载于乾坤而以七尺昂然挺立，实由乾坤浩荡，覆而无己，载而不有，故人得昂然其间而相忘于无何有之乡也。圣人责长民者以父母之道，此为真民主自由之法治，人类如不自毁，必由此道无疑。真民主自由，今之英美何堪语是?《读经示要》第一讲以九义明治化，未可忽而不究。欲达到真民主自由，必如《春秋经》所谓天下人人有士君子之行，谈何容易哉？方其未至天下人人有士君子之行，则对于民群保育之功万不可无。而一言保育，则唯取法父母之道方不伤害人民之天赋良知良能与其独立自由。天地可毁，此理不可易。若如古今霸者以国家为侵略之工具，而不惜用种种宰割切制之术以牺牲人民，将其心力、体力、物力，一切在侵略政策下，供富强其国家之用，而后展其侵略异国异族之雄图，如德国希魔与日军阀之所为。吾国圣人以国家为一文化团体，决不利用国家为侵略他国之工具，但亦决不受侵略者之侵略。弱国之民只为世界上野心家而生、为世界上野心家而死。老子"天地不仁"之言，上背《大易》"群龙无首"之训，何其过甚耶？群龙者，群众之象。无首者，虽互相和集而为团体生活，但人人各得自由，各得独立，无有独操特权者，故云无首。韩非本霸王主义，其言术祖道家。虽有黜智巧之说足为吾人矜式，然即其书而细玩其持论之条贯与精神所注，彼实与吾儒天地悬隔，虽高言黜智巧，毕竟坐智巧胶漆盆中出脱不得也。弋人谨廪之术为韩非所深取。吾知韩非为天下，其术皆此类而已。谨廪之术所以诳鸟而纳之鼎镬，且深防鸟之逸去也，是刍狗万物之术也，是人类自毁之术也，是古今霸者不期而同用之术。唯用之有泰甚与否耳，去泰去甚，犹存几分人性。泰甚，则余弗忍言矣。熊先生发明儒家保育主义，最有冲旨。盖治道必以真正民主自由为极则，《春秋》太平大同之隆，由此道也。然真正民主自由，必如《春秋》所谓天下之人人皆有士君子之行而后可获致，谈何容易哉！方天下未至人人皆有士君子之行，则必须行保育政策。而保育则必以父母之道，断不可取弋人之道。弋人以机巧、骗诈使万物堕其术中而不悟，乃以伤万物之命。父母

40

以真诚与子为一体,无宰制其子之私欲,故常随顺子之天性而扶勉之,使其自然发展而各正性命。弋者因物之求食而遂以食饵之,因以制之。儒之道未尝不使人足食,而必使人复其性,即充其灵性生活,而人不仅为求食之下等动物。此儒者之道所以赞参化育、高明同天、博厚如地而非凶狯之徒所逮闻也。夫以经济改革号召当世者,是食道也。儒者固曰"民以食为天",非不注重乎此。《大学》以理财归之平天下,而宗本于恕。絜矩即恕。恕者,视人犹己,不私己以侵削他人或他国,不利己以刍狗万物。天下全人类皆经济平等,即各足其食,乃得有余裕以开通其神明,而复其性矣。儒者为人类解决食之一大问题,要在返诸本心之恕。恕即诚也,此与弋人以食诳鸟而制其命之术截然不可同日而语。古今霸者皆弋人也。孟子愿学孔,故为人类倡均产井田,而必贱霸。其忧思人类之深也,仁且智矣哉!

余虽不取韩子之为术,而深感其言有亟切于吾国当今之务者,略提二事。其一事曰韩子生危弱之国,而于外交则斥尽当时合纵连横二派之术,乃一以自恃而不恃人为国策。卷五《饰邪》篇曰:"乱弱者亡,人之性也。治强者王,古之道也。越王勾践恃大朋之龟,与吴战而不胜,身入臣于吴。反国弃龟,明法亲民以报吴,则夫差为擒。故恃鬼神者慢于法,恃诸侯者危其国。曹恃齐而不听宋,齐攻荆而宋灭曹。邢恃吴而不听齐,越伐吴而齐灭刑。许恃荆而不听魏,荆攻宋而魏灭许。今者韩国小而恃大国,谓恃秦。主慢而听秦。魏恃齐荆为用,而小国愈亡。故恃人不足以广壤,而韩不见也。此皆不明其法禁以治其国,恃外以灭其社稷者也。臣故曰:明于治之数,则国虽小,逗。富。句。赏罚敬信，民虽寡，逗。强。句。赏罚无度，无论政军等任何方面，贪污败职者皆无罪，奸邪为爪牙者各结党与而欺其上，以据重位、营私利，赏罚悉无法度。国虽大，兵弱者，地非其地，民非其民也。"卷二《八奸》篇曰："听大国为救亡也，而亡亟于不听，听大国则割去根本重地不足满其欲，一切诛求与束缚之来，将倾国为奴而犹无止境。故听命于大国以救亡者，其亡尤速于不听。故不听。句。群臣知不听，则不外诸侯。"因人主听大国，则臣民愈怯，必益务外结而相率以趋于自亡而不知耻，是不止亡国亡天下之痛也。又曰："其于诸侯之求索也，法，则听之，不法，则距之。"两国平等互惠是为法，割我领土、据我险要、夺我资源、奴我人民是大不法。综上所述，可见韩子于内政外交，一以自恃而不恃人为立国精神，为坚强自信而绝不游移之国策。纵横之徒，或联与国，或事一强，皆恃人而不自恃，自速其亡。韩子两斥绝之。当时六国之天下，唯韩子一人独延两间生气于衰绝之余，其有功于造化者大矣哉！余确信古今有国者，苟自恃自爱而不自亡，则其并世任何强国决无可以倾覆之者。孟子言国必自伐而后人伐之，亦同此旨。弱国皆能自恃，能自树立，而后可言世界主义，否则有强权而无公理。

　　其二事曰韩子思振危亡之韩国，首以治吏为政本。卷十四《外储》篇曰："人主者，守法责成以立功者也。闻有吏虽乱而有独善之民，吏虽乱，贤人不改操，《论语》所称逸民是也。不闻有乱民而有独治之吏。民乱于下，必吏首乱于上也，吏导民者也，以民之习于乱而知无独治之吏也。故明主治吏不治民。"其说曰："摇木者，一一摄其叶则劳而不遍，左右拊其本而叶遍摇矣。临渊而摇木，鸟惊而高，鱼恐而下。善张网者引其纲，不一一摄万目而后得。一一摄万目而后得,则是劳而难。引其纲,而鱼已囊矣。故吏者,民之本纲者也。故圣人治吏不治民。"详韩子所言,盖谓圣人守法而选用大臣,大臣则奉法而督责群吏,使各率其民而举其职,则治本立。故曰明主治吏不治民者,非不治民也,治亲民之吏而民已治矣,是摇木拊本,张网引纲之说也。民国初建,袁氏欲反民主,昌言国民程度不足。在袁氏固以此为僭窃之借口,然民众自治自主之力必须扶持诱导,则不容忽视。国民党有训政计划,不为无见,可惜训政徒托空言。夫训政必群吏奉法,能率民众以奉法而举其公务、修其私业。私业谓私人职业。吏治成则民治成,民治成则民主成,此事理之必然也。民国垂四十年,全国守令号为亲民之长吏,其所事者则唯承上意严行搜括,借以分赃而已,此外则一无所知,一无所能,一无所事。训政不能,适以训乱、训亡。袁氏迄今,相继崩溃,夫岂偶然!古之循吏,必身亲民间疾苦,与之痛痒相关,又深知人民情伪,养之而后教,教之不率而后有刑。今世大变,措施之宜无可泥古,然亲近民众与扶导民众者,必有慈祥之心、精明之识、通达之学、干练之材、贞廉之守、勤劳之习,更其教而必合于人道,修其政而必切于民生,猛而不失其宽,锐而勿操之过急,庶几安定地方,使民有乐业安生之趣,治具渐张而民主基础始定。韩子重治吏,至今无可易也。如其以一切破坏之主张而言改造农村,吾恐衰弱遗黎摧之太过,难存于强大之间也。

韩子云:"术者,人主之所执也。"熊先生释执字以二义,曰执藏,曰执持,详前。可谓综其体要。韩子固言大不可量、深不可测,然无论如何宏大深秘,韩子言术,要是弋人谨廪之类也。

八

上来略论韩子之术，今次当谈法。韩子言术本申子，而言法则宗商君，但其持论益恢宏。熊先生曰：韩子援道以入法，首于形而上学中求法理之根据。卷六《解老》篇有曰"道者万物之所以成，理者成物之文"云云，按文者，条理，言万物以道而成，及其成也，即物自有其条理，唯条理灿者方谓之物，故云"理者成物之文"也。详此，以理说明现象界有则而不乱。其言道，即实体。又谓："道者，万物之所稽，则以理虽分殊，而穷至于道即万理合于一理。"一理谓道。稽者合义，其为说可谓上穷无极而下尽物曲者矣。又曰："万物莫不有规矩，圣人尽随于万物之规矩，故曰不敢为天下先。"又曰："慈于身者不敢离法度，慈于方圆者不敢舍规矩。"此皆以法理解老，而使法理于玄学及宇宙论中得有根据，如曰"理者成物之文"及"万物莫不有规矩"，是以宇宙为一大法界也。法界系借用佛家名词，但与其本义全异。韩子释老氏之言慈而曰"慈于身者不敢离法度"，此中意思深远，惜乎今人不足与语也。韩子以为守法者，乃自己对于自己之慈爱故然，绝非由强制而然，真善美哉，斯意也！今人乱法、毁法，太下贱、太不自慈爱。其释《老》之"不敢为天下先"曰"圣人尽随于万物之规矩"，一言而道尽民主法治精神，美哉洋洋乎！独惜韩子未抱定此语去发挥。夫圣人尽随于万物之规矩，不敢为天下先，是与霸王主义、极权政制截然相反也。而韩子不向民主主义去提倡，何耶？韩子亟于救韩之亡,思以极权振起,此其所以不言民主也。韩子不取韩王安而代之何耶?读韩子之书,其言人主昏暗、权移臣下与大臣结党与、上欺君、下私惠于民以窃国,凡此类事,言之痛,又重复言之,几占全书大半。当时六国情形皆如此,而韩国或更甚。奸臣树私党于朝,又以私惠要结民心,韩子欲取政权自不易,故著书发人臣之奸,欲百姓共喻,而后可行改革。民智未开,固无可如何也。韩子非不欲得王权以行所志,只时机未至耳。不图吕政以阴鸷雄才急并六国,而韩子无所措手矣。若是时秦无吕政,仅出一中主,六国当不至于亡。韩子之书渐为国人所共了,其必起而操韩之王权无疑也。观韩子负霸王大略而不入秦,此其志必有在。李斯忠于秦而杀韩子,亦有以也。熊先生此论,可谓创论,实确论也。

韩子仍承君主政体,又主极权,故人民无参政权,但供人主之驱策以尽力耕战而已。此与近世霸者纠集其人民之智力、物力于生产与军备二者,用意遥合。人民于为其主供驱策外,一切无自由可言。韩子以为不如此即不足以应急世之需,其书之主指在是。然则人民立法机关在韩子所持之政制下无有也。曰:"是诚无有,然则唯人主得有立法权耶?"曰:诚然。卷十七《说疑》篇曰:"法也者,官之所以师也。"卷十九《五蠹》篇曰:"故明主之国,无书简之文,以法为教。"据此,则臣民皆无立法权可知矣。韩子云"法者,宪令著于官府",见前。何谓宪?人主身总万几,有其手定之国法朝章,是谓宪。亦有由内外臣工随时随事奏议而人主自核定之,以为一般通行之法,是谓令。宪令二者,总称法,皆人主之所自出圣裁或集众议而核定者。故立法权操之人主,

45

是古今独裁政体之必然也。

韩子时，六国危乱，皆无法守。韩子愤韩国之将亡，故其持论一以严法为主。卷五《饰邪》篇曰："镜执清而无事，美恶从而比焉。衡执正而无事，轻重从而载焉。夫摇镜则不得为明，摇衡则不得为正，法之谓也。法不可摇也，欲为治而不守法，则失明失正，无可为治。故先王以道为常，以法为本。本治者名尊，本乱者名绝。"卷二《有度》篇曰："国无常强，无常弱。奉法者强，强谓不曲法从私。则国强。强谓富强。奉法者弱，弱谓守法观念薄弱，常舍法行私。则国弱。"弱谓贫弱，甚至危亡。又曰："其国乱弱矣，又皆释国法而私其外，则是负薪而救火也。"此言乱弱之国，其君臣不悟违法毁法之罪，将求庇外国，其人民亦不思所以自强而私结于外，是上下同舍法而趋于亡也。当时六国情形皆如此。

卷十四《外储》篇有曰："椎锻者，所以平不夷也；榜檠者，所以矫不直也。圣人之为法也，所以平不夷、矫不直也。"详此所谓圣人，即目虚静无为之君。君心虚静故，无有偏蔽，能得天下之情，故能制法，以平天下之不夷、矫天下之不直也。故必圣人而后能制法，非昏乱之主可妄作也。韩子以平不夷、矫不直为制法原则，可谓千古不易之论。

韩子言奉法之主，其用人一依于法，否则乱。《有度》篇曰："今若以誉进能，则臣离上而下比周；谓用人如择众誉所归因以为能而进之者，则臣将务比周于下以邀虚誉，不复尽职于事上，故云离上。若以党举官，则民务交而不求用于法。官由党举，则人民务交结聚党，可以非法见用。故官之失能者，其国乱。官由党及虚誉而进，必无能。无能者在位必致乱。奸邪之臣安利不以功，则奸臣进矣，奸邪者居高位，贪污致富厚、享安利，而非以功得之，惧不见容，必引同类以自固，故众奸并进也。此亡之本也。若是则群臣废法而行私重，奸党互以行私相重。轻公法矣。重私图，视公法如无物。数至能人之门，王注：能人即君之私人，如妾归以善承宠为能。在位者与求官者皆奔走能人之门。不壹至主之廷。无有尽忠直言事于人主之廷者。百虑私家之便，不壹图主之国。群臣日夕百虑，各为私家之便，其于人主所主持之国事皆置度外，曾不一图，若国之治乱存亡与己无关也。属数虽多，非所以尊君也；官属之教虽多，皆行私重，而陷君于危亡，故非尊君。百官虽具，非所以任国也。各虑私家之便。然则主有人主之名而实托于群臣之家也。奸邪以中饱而擅之财富，树立私家之势，下无人民而上亦无君，君但虚寄于私家为仆隶耳。家务相益，不务厚国。小臣持禄养交，不以官为事。小臣欲自结于大臣私家，故必竭俸禄以纳交于私家门下。此其所以然者，由主之不上断于法而信下为之也。以上皆若预见近世事。故明主使法择人，不自举也；非人主以己意举人，直任法以举之耳。使法量功，不自度也。择人量功之法，明主开国即有成典。继体之君虽有因时损益，亦早著于方册，临事但按据之，何复劳自度乎？能者不可弊，败者不可饰，依法考核，形名参同，故能者不可诬以弊，败者不可饰为成。誉者不能进，实败而诡誉者，绳之以法则不能进。诽者弗能退，以能而被诬诽者，绳之以法则弗能退。则君臣之间明辨而易治。明辨谓能者，败者不可淆混。故主雠法则可也。雠者校定，谓用人行政，一切以法校定之，是非不乱。夫为人主而身察百官，则日不足，力不给。且上用目则下饰观，上用耳则下饰声，上用虑则下繁辞。先王以三者为不足，故舍己能而因法数，舍其一己耳目与智虑三者之能，而因法数以雠校百官之事。审赏罚。依法而审百官之事，其能者必赏，败者必罪。先王之所守要，因法数，审赏罚，故所守者要。

47

故法省而不侵。法省，则明确而不可侵犯。条文愈多，则奸人得诡图出入，轻重可乱。独制四海之内，聪智不得用其诈，险躁不得关其佞，奸邪无所依。远在千里外，不敢易其辞；近在郎中，不敢蔽善饰非。郎，近侍也。朝廷群下，直凑单微，不敢相逾越。单微，隐微之极也。虽极隐微，而以法雠校，直与凑合，无有失者。后人多借用此语以形容唯凑入理奥。故治不足而日有余，上之任势使然也。图治虽常若不足，而日有所余，则治功举矣。由在上者任用法数之势使然。夫人臣之侵其主也，如地形焉，即渐以往，地形椭圆，故人由立足处前望，愈远愈不可见，其形之由高而下以渐推移，故远不可见也。人臣侵主之势，亦以渐而成。使人主失端，东西易面，而不自知。奸邪以渐得势，人主不知其端。故先王立司南以端朝夕。司南，指南针也，以喻国法。有司南，可测日出没之方而端朝夕。有国法，可明是非而正百官。故明主使其群臣不游意于法之外，不为惠于法之内，吃紧。动无非法。峻法所以遏灭外私也，此句依王注校正。外私者，谓法外之私，必遏灭之。严刑所以遂令惩下也。威不贷错，错，置也。威权操之人主，不可由臣下贷借主威以行错置。制不共门。制者，制令。制自上出，不共臣下同门。若臣亦自为制令，则君与之共门。威制共，则众邪彰矣。奸邪与人主共威制，以用私人作贪污事。法不信，则君危矣。文官贪污而外，一切无能，而显赫如故，虽有文官惩戒法，具文而已。武官为上所亲者，贵盛富厚，无一能战，将偷而士气丧，军法具文而已。国既乱亡，君岂不危？刑不断，则邪不胜矣。罪无大小，用刑必断，姑息养奸，亡之由也。故曰巧匠目意中绳，然必先以规矩为度；匠之目意虽复中绳，要不可恃一己目意之力，当具规矩为其度。舍规矩而用目意，何可常恃乎？上智捷举中事，必以先王之法为比。中事，合于事也。上智敏捷，善赴事机而无遗误，亦不可自恃，当比度于法。故绳直而枉木斫，

准夷而高科削，<small>匠人为器，求平。于高处则依准而削之令下，以得平也。</small>权
衡悬而重益轻，<small>减重益轻，以有权衡故也。</small>斗石设而多益少。<small>减多益
少，以有斗石故也，否则多少无准。</small>故以法治国，举措而已矣。<small>举法而措
之，治自平。</small>法不阿贵，绳不挠曲。法之所加，智者弗能辞，勇者弗
敢争。刑过不避大臣，赏善不遗匹夫。故矫上之失，诘下之邪，
治乱决缪，<small>治其昏乱，决其邪缪。</small>绌羡齐非。<small>如豪富有羡余，是社会之大
不平，必依法绌削之。非者，凡不正之行、邪迷之说，为害于社会，当齐之以法，
使不得妄逞。</small>一民之轨莫如法。<small>齐一其人民于正轨，唯以法耳。</small>厉官、
威民，退淫殆、止诈伪，莫如刑。刑重则不敢以贵易贱，<small>不敢以贵势
慢易于贱也。</small>法审则上尊而不侵，<small>人主行使国权法审，则国权尊，无敢侵
犯者，故国治。</small>上尊而不侵则主强而守要，故先王贵之而传之。<small>先
王贵法而传之于后世。</small>人主释法用私，则上下不别矣。"<small>人臣侵国之权
利，是上下无别，国必亡。</small>《二柄》篇曰："人主将欲禁奸之则，审合形名
者[1]，言与事也。<small>言谓名，形谓事。</small>为人臣者陈而言，君以其言授
之事，专以其事责其功。功当其事，事当其言，<small>是形名参同。</small>则赏；
<small>形名审而赏不乱。</small>功不当其事，事不当其言，则罚。<small>形名审而罚不乱。</small>
故群臣其言大而功小者，则罚，非罚小功也，罚功不当名也。群
臣其言小而功大者，亦罚，非不悦于大功也，以为不当名也，害甚
于有大功，故罚。<small>不当名之害，甚于大功，故罚。欲令形名审合，使人习于
功当其事，事当其言。而言不虚言，事应其言，功称其事，则法行而国治。</small>昔
者韩昭侯醉而寝，典冠者见君之寒也，故加衣于君之上。觉寝而
悦，<small>寝悟而悦也。</small>问左右曰：'谁加衣者？'左右对曰：'典冠。'君因

---

[1] 此句，《韩非子》通行本作"人主将欲禁奸，则审合形名者"。

49

兼罪典衣,杀典冠。其罪典衣,以为失其事也;其罪典冠,以为越
其职也。非不恶寒也,以为侵官之害甚于寒。故明主之蓄臣,臣
不得越官而有功,不得陈言而不当。越官则死,不当则罪。守业
其官所言者,贞也,守业以当官,守官以当言,如此者,贞也。则群臣不
得朋党相为矣。"详上所言,明法以任官,循名实而定是非,因参
验而审言辞,皆万世不易之论。中国不由此道而欲救亡为治,是
犹以足搔顶,愈不几也。

有难者曰:"韩子之论虽善,然人主每惑于左右近习之相爱,
故奸邪得缘之以进。徒法不能自行也,奈何?"曰:是在人主明
于术而执法严,则无患于左右近习矣。卷四《奸劫弑臣》篇曰:
"人主诚明于圣人之术,而不苟于世俗之言,循名实而定是非,因
参验而审言辞。是以左右近习之臣知伪诈之不可以得安也,必
曰:'我不去奸私之行、尽力竭智以事主,而乃以相与比周、妄毁
誉以求安,是犹负千钧之重,陷于不测之渊而求生也,必不几
矣。'百官之吏亦知为奸利之不可以得安也,必曰:'我不以清廉
方正奉法,乃以贪污之心枉法,以取私利,是犹上高陵之颠、堕峻
溪之下而求生也,必不几矣。'安危之道若此其明也,左右安能以
虚言惑主,而百官安敢以贪渔下? 是以臣得陈其忠而不弊,下得
守其职而不怨,此管仲之所以治齐而商君之所以强秦也。从是
观之,则圣人之治国也,固有使人不得不为我之道,人主当使臣畏
我之严法而不得不为也。而不恃人之以爱为我也。不恃人之以相爱
之故,而为我也。恃人之以爱为我者,危矣,恃其以爱为我,将为所惑,故
危。恃吾有使彼不可不为者,安矣。使彼不可不为者,法也。夫君臣
非有骨肉之亲,正直之道可以得安,则臣尽力以事主。正直之道

不可以得安,则臣行私以干上。明主知之,故设利害之道以示天下而已矣。_{利害之道,术与法也。}夫是以人主虽不口教百官,不目索奸邪,而国已治矣。"据此,则法之行也,必待明术而严法之明主,否则法治不可期。熊先生曰:韩子崇法术而诽尚贤。然人主不贤,则无术而废法。韩子屡称圣人,颂明主,其不得不归本尚贤亦明矣。而力攻吾儒,何耶?

韩子遮儒者尚贤而融慎子之言势以申法,其说颇有趣,今撮要引述如下。"慎子曰:'飞龙乘云,腾蛇游雾。云罢雾霁,而龙蛇与蚯蚓同矣,则失其所乘也。贤人而诎于不肖者,则权轻位卑也;不肖而服于贤者,则权重位尊也。尧为匹夫,不能治三人;而桀为天子,能乱天下。吾以此知势位之足恃而贤智之不足慕也。夫弩弱而矢高者,激于风也;身不肖而令行者,得助于众也。'_{以上叙慎子论势。}应慎子曰:飞龙乘云,腾蛇游雾,吾不以龙蛇为不托于云雾之势也。虽然,夫释贤而专任势,足以为治乎?则吾未得见也。夫有云雾之势而能乘游之者,龙蛇之材美也。今云盛而蚯弗乘也,雾酿而蚁不能游也。夫有盛云酿雾之势而不能乘游者,蚯蚁之材薄也。今桀纣南面而王天下,以天子之威为之云雾,而天下不免大乱者,桀纣之材薄也。夫势者,非能必使贤者用己而不肖者不用己也。_{两己字皆设为势之自谓。}贤者用之则天下治,不肖者用之则天下乱。人之情性,贤者寡而不肖者众。而以威势之利济乱世之不肖人,则以势乱天下者多矣,以势治天下者寡矣。夫势者,便治而利乱者也。故《周书》曰:'毋为虎傅翼,将飞入邑,择人而食之。'夫乘不肖人于势,是为虎傅翼也。势者,养虎狼之心而成暴乱之事者也。而语_{犹云说者。}专言势之足以治天下者，则其智之所至者浅矣。夫良马固车，使臧获御之则为人笑，王良御之而日取千里，车马非异也，或至乎千里，或为人笑，则巧拙相去远矣。今以国位为车，以势为马，以号令为辔，以刑罚为鞭策，使尧舜御之则天下治，桀纣御之则天下乱，则贤不肖相去远矣。夫欲追速致远，不知任王良，欲进利除害，不知任贤能，此则不知类之患也。夫尧舜亦治民之王良也。以上言势可以便治，尤可利乱，故须任贤，乃可乘势为治，此儒者之说也。复应之曰：其人以势为足恃以治官。其人，谓慎子。客曰'必待贤乃治'，客谓儒者。则不然矣。不以待贤为然也。夫势者，名一而变无数者也。势之名虽一而实万变，且有自然之势，亦有人设之势。势必于自然，则无为言于势矣。吾所为言势者，言人之所设也。今曰'尧舜得势而治，桀纣得势而乱'，吾非以尧舜为不然也。虽然，非一人之所得设也。夫尧舜生而在上位，虽有十桀纣不能乱者，则势治也。桀纣亦生而在上位，虽有十尧舜而亦不能治者，则势乱也。故曰：'势治者则不可乱，而势乱者则不可治也。'此自然之势也，非人之所得设也。若吾所言，谓人之所得设也而已矣，此句，旧本有误，顾广圻、王先慎皆误解，今审定其文如此。贤何事焉？何以明其然也？客曰：'人有鬻矛与楯者，誉其楯之坚，物莫能陷也。俄而又誉其矛曰："吾矛之利，物无不陷也。"人应之曰："以子之矛陷子之楯，何如？"其人弗能应也。'以为不可陷之楯与无不陷之矛，为名不可两立也。夫贤之为势不可禁，如贤者遇世乱而必为，此不可禁也。而势之为道也无禁，如世乱，则贤者不可为治，是势禁之也。以不可禁之贤与无不禁之势，此矛楯之说也。夫贤势之不相容亦明矣。且夫尧舜桀纣，千世而一出，中主是比肩随踵而生也。仲光按：旧

52

本是字上无中主二字，吾父谓当有，今据补。世之治者不绝于中，吾所以为言势者，中也。为中主而言势也。中者，上不及尧舜，而下亦不为桀纣，抱法处势则治，背法去势则乱。去势者，主背法，则势夺于奸邪，是去势也。今废势背法而待尧舜，尧舜至乃治，是千世乱而一治也。抱法处势而待桀纣，桀纣至乃乱，是千世治而一乱也。且夫治千而乱一与治一而乱千也，是犹乘骥駬而分驰也，相去亦远矣。王注：骥駬并千里马，乘而分驰，违背必速。夫弃隐括之法，《公羊》何休序云"隐括使就绳墨"。去度量之数，使奚仲为车，不能成一轮。无庆赏之劝，刑罚之威，释势委法，尧舜户说而人辨之，不能治三家。此言中主抱法处势则治，若释势委法，虽尧舜无可为治，以明恃法而不恃贤。夫势之足用亦明矣，而必曰待贤，则亦不然矣。且夫百日不食以待梁肉，饿者不活。今待尧舜之贤乃治当世之民，是犹待梁肉而救饿之说也。夫曰'良马固车，臧获御之则为人笑，王良御之则日取千里'，吾不以为然。夫待越人之善海游者以救中国之溺人，越人善游矣，而溺者不济矣。夫待古之王良以御今之马，亦犹越人救溺之说也，不可亦明矣。夫良马固车，五十里而一置，使中手御之，追速致远，可以及也，而千里可日致也，何必待古之王良乎？五十里一置，谓驿也。此即为之法度，故中手可追速致远也，所以尚法不尚贤也。此则积辩累辞，离理失术，两失之议也，离理谓不合理。失术犹云不合逻辑。奚可以难夫道理之言乎哉？"[《难势》篇。]详此所云，总明乘势而任法则治，不贵待贤，其说可谓辩矣。熊先生曰：韩子之言，亦自有矛楯也。韩子贵任法，而徒法不能以自行也，故韩子必有取于中材之主。彼云中者，上不及尧舜而下亦不为桀纣，此其论似是而实未究理也。中材虽上不及尧舜，而必有希尧舜之志与知人之明、为善之勇，犹虑志不坚、明不继、勇不足也，更力求贤能以自辅，如是者，方可抱法处势而为治。若仅以上不及尧舜而下亦不为桀纣者便谓之中，则自有人类建国置君以来，比肩随踵而生者皆中才也，真为桀纣者亦无几耳，何故不皆能抱法处势而治乎？何故背法废势而乱者多乎？周赧、汉献及唐宋明衰世之君，虽上不及尧舜，而下亦不尽如桀纣之恶也，此亦韩子之所谓中也，何为不能抱法用势以治乎？故知韩子之言中，未究于理也。夫尧舜，上圣也。中材之能抱法处势而治者，虽才德不敢望圣人，而必为贤者无疑也。虽不及尧舜，而必能希尧舜则无疑也。儒者尚贤，何尝画定一至高无上之格，必尧舜而始为贤乎？其尊尧舜者，取其足为希仰之标的耳。中材之贤，无所希仰，将无以自强自树也，惜韩子不悟及此耳。韩子之所谓中，实即儒者之所谓贤。不贤则不能抱法用势以治。不能抱法用势以治者，由其无希尧舜之志也。无希尧舜之志者，必为禽兽之归，岂止为桀纣乎？夫能抱法用势以治之中材，正是贤，而又曰不必待贤，何其自相矛楯之甚乎？夫儒者为政，必求贤于当世，非欲起舜尧于地下也。而曰待舜尧之贤乃治当世之民，儒者有是论哉？御不必待王良，五十里一置驿，中手可致远，固也。然驿法诚不可无，而御者究须中手，韩子终不曰使童昏御之亦可恃驿法而致远，则待贤之理自存。是则离理失术，韩子躬自陷。孟子曰："徒善不足以为政；善谓贤人，有贤而无法度，不可为政也。徒法不能以自行。"谓无奉法之贤，则法不自行也。二语道尽六经底蕴。人治、法治，本以相待相须而成其治，若执一边，终为戏论。韩非之说，用于秦而流毒，有以也。素王修《尚书经》，首以尧舜垂范

后世。《春秋》制万世法，首宗文王，文王承尧舜者也。韩非以偏
见诋尚贤，尧舜血脉自此斩尽，人亡而法亦熄。近世袭法于远
西，乘势者无复有自爱而希昔贤之志。外来法虽纸上有之，而实
不能自行，毕竟无法。夫无贤乃无法而废势，则外祸乘之，而煮
燃豆萁，族类将绝矣。哀哉，何忍言！熊先生正韩非之失而折中
于孟子，此至论也。

　　熊先生又曰：韩子所谓自然之势者，如"尧舜生而在上位，
虽有十纣桀不能乱者，则势治也；桀纣亦生而在上位，虽有十尧
舜亦不能治者，则势乱也。势治者不可乱，势乱者不可治"，故谓
自然。其谓一人所得设之势，即指中材可以抱法处势而为治者
是也。余观韩子言自然之势，似欠分析。其开始言势，只就君权
威势而言，至后文言"势治者不可乱，势乱者不可治"，以此为自
然之势，则此势字不止于君权威势，而含义颇宽泛矣。其实，韩
子所谓势治不可乱与势乱不可治，此中势字颇与后来陈同甫所
谓"天下大势之所趋，天地鬼神不能易也"之势字意义相同。虽
谓之自然，而实由群力交推成其如此，本非自然。大人开治，英雄
而能持正义者，犹为希仰尧舜之人，可谓大人，故能开治。众贤从化，则治
势成而乱势伏矣；伏字吃紧。人间世本相对，乱势无可灭尽也。元凶搧
乱，群狝共随，则乱势成而治势伏矣。凡势已成而不可遽易，则
谓之自然，似无不可耳。夫群力交推，不可测其端绪，亦不可诘
其终究。韩子云"势者，名一而变无数者也"，此言亦有义味。势
之已成，不可遽易，要非不可易也。势治易而乱，贤人道熄也。
贤人道熄者，可以说天之吝于生贤，天者，自然义，非谓神帝。下仿此。
实亦人之不自勉于贤。然咎天之吝于生贤也，不如责人之不自

勉于贤。生而为人,皆可勉于贤也,而陷于不贤,则人之自暴自弃也。势乱易而治,贤人道长也。贤人道长者,人皆勉为贤,积善以自强也。韩非云贤、势不相容,此但虚言,都无义据。势之治也,贤人造之,奚不相容? 如曰"任法故治,而非贤则不能奉法",韩非亦未尝否认。今必诋尚贤何耶? 或曰:"老氏不尚贤,其韩非之所师乎?"曰:老之不尚贤,因春秋之世以霸者功利为贤,故云不尚。此别是一意,韩非或误解也。

　韩非遮尚贤,遂力毁古圣之德,谓不足慕。卷十八《八说》篇曰:"古者人寡而相亲,物多而轻利易让,故有揖让而传天下者。"其薄尧舜至此。熊先生曰:韩非以偏见而为无智之论。人类孳生之强,上古或甚于后来文化盛开之世。然韩非云"古者人寡",以理推之,当亦可信。夫人寡者,非其孕生少也,婴儿之生而能长成者少也。长成者少,则以物少而不足资生也。上古人智未启,对于自然不知征服而利用之,只受其侵害而已。备物致用在先民万不可能,又有禽兽之逼,其难存活可知。上古之民,社会结构尚未形成,欲见相亲自不易,物少则竞存之欲炽,何云轻利易让? 韩非此论,无智已甚。上古草昧初开,唯赖圣哲诞生,以其智德导领群众,渐兴政教,日进文明,此事理之必然也。今菲薄古圣之德行而又推尊初民道德,可谓自为矛楯也。《五蠹》篇曰:"尧之王天下也,茅茨不翦,采椽不斫;粝粢之食,藜藿之羹;冬日麑裘,夏日葛衣。虽监门之服养,不亏于此矣。禹之王天下也,身执耒臿以为民先,股无胈,胫不生毛。虽臣虏之劳,不苦于此矣。以是言之,夫古之让天子者,是去监门之养而离臣虏之劳也,是不足多也。今之县令,一日身死,子孙累世絜驾,故人重之。是以人之相让也，轻辞古之天子，难去今之县令，薄厚之实异也。"又曰："古之易财，非仁也，财多也；今之争夺，非鄙也，财寡也。轻辞天子，非高也，势薄也；重争仕托，非下也，权重也。"仕托者，仕谓任官职，托谓寄食于诸侯或权门。此等谬论，皆为浊世长恶。夫儒者之籍，颂古圣、尊先王，非泥古也，以为人情不可无所归仰，故道前哲旧德以引人向往之心，而养其为善之勇。此中义趣深广，难为昏世之民言。余见清季以来名士，首以浮辞哗世，侮圣人、毁经籍，一世士习，从风而靡。故今人心目中颓然无有归敬，其精神日益堕没，其志气日益消散，枵腹哆口而谈西化，西化终移植不来，国危而族类相煎，不知所届。凡衰世之风，必侮贤圣、毁道德，中外皆然。韩非欲峻法以束缚群黎，肆志独裁，不惜破坏德教。吕政效之，便自谓功高三皇，德迈五帝，遗害深且远，可胜叹哉！韩非之诋舜尧禹也，谓共让天下不足多也，又曰古时人寡财多故易让，然又言尧禹当时为天子，服养之苦等诸监门，劳役同于臣虏。夫人寡财多之世，天子何必劳苦若是乎？其持论矛楯，不自悟也。韩非欲毁古圣以天下让之盛德，则谓其去监门之养、离臣虏之劳，故不足多，而忘却此说与其古者人寡财多之论相背。足征挟私意以成说者，其心早昏，其说不可成也。吾侪由《尚书》帝典详玩唐虞时政教文物，可谓盛矣。今西南山谷蛮民之长，谚云土皇帝，威权之大，服用之侈，设身处地，可轻让乎？唐虞时统一中夏之天子，决不可视同今日蛮区土司。余以此知韩非诬词直同犬吠耳。《忠孝》篇诬舜，不足驳。至谓"今之争夺，非鄙也，财寡也"，"重争士托，非下也，权重也"，而又谓其当时之人，有"糟糠不饱者不务粱肉，短褐不完者不待文绣。"又云

"今世之所谓贤者,贞信之行也;所谓智者,微妙之言也"。均见
《五蠹》篇。又谓"轻禄重身,谓之君子;离世遁上,谓之高傲"。见
《八说》篇。可见韩非所处之世,非尽为权重而求仕托、为财寡而
行争夺者,但韩非必欲将不争权利之人与所谓贞信之行、微妙之
言一切摧毁务尽。揣其所以,则欲利用人类之劣根性而诱之以
利、劫之以威,方可随吾驱策、罔不如志。卷十七《诡使》篇曰"圣
人之所以为治道者三:一曰利,二曰威,三曰名。此中名者,谓名
号。下文有云"夫立名号,所以为尊也"云云,足征此名即爵位等。夫利者,
所以得民也;威者,所以行令也。名者,上下之所同道也。非此
三者,虽有不急矣"云云。韩非以此为圣人之治道,岂不诬哉?
韩书所云利,术诱之利也;所云威,术劫之威也;所云名,则行术
之具也。圣人何用此术?《尚书》之言治道者三,曰正德,曰利用,
曰厚生。而必以正德居先,所以立利用厚生之本也。其言利用
厚生,皆为民群相生相养之公利,与以术诱之趋利而随吾鞭策者
截然不同旨。孔子之言政也有三,曰足食、足兵、民信之矣。又
结之曰:"自古皆有死,民无信不立。"其言足食,所以遂民之生,
而非有阴术于其间也;言足兵,所以御侵略,而非若霸者将劫之
以从吾所大欲也;至其视信重于死,则人道于是乎存。以骗诈为
事,人类其可久乎? 圣人非不知人性虽善而亦有心为形役之患,
易流于恶也。圣人至此为句。故德教为本矣,必辅之以刑威,匡其
失,予其改过,非劫之以供吾鞭策也。人类毕竟有常道,向善其
常也,为恶其变也。人生不可无自由,独裁切忌过甚,恐毁万物
之性也。古之言治道者,儒家其至矣。韩书中之圣人,非吾儒之
所谓圣人也明矣。难者曰:"韩子云利者所以得民也,公何故訾

以术诱?"曰：汝通玩韩书全部旨意，足知余言无误解也。且不难举证。《六反》篇曰："霸王者，人主之大利也。人主挟大利以听治，故其任官者当能，其赏罚无私，使士民明焉，尽力致死。富贵者，人臣之大利也。人臣挟大利以从事，故其行危至死，其力尽而不望。"不望，无怨也。韩非以利得民之旨盖如此，不谓诱民之术而何谓？独裁之主私挟霸王大利而以富贵诱其臣，使行危至死而不怨望。又以任官当能，信赏必罚，使士民明焉，尽力致死。是天下臣民皆为霸王者而生、为霸王者而死，真微虫蝼蚁不若也。彼霸王者狂逞难填之欲壑，毕竟如狂风不终朝、骤雨不终日，其灵性早已梏亡殆尽，徒留一凶狝猛兽之怨毒于人间，不知果何所为？佛说众生颠倒。庄子曰："人之生也固若是芒乎?"是可悲也。然韩子直揭霸王主义之面目，异乎晋文辈假攘楚之名而实怀侵略野心，又始终爱国而不屈于秦，是则韩子之坦白弘毅，犹有可敬者也。

卷十六《难三》篇有曰："叶公子高问政于仲尼。仲尼曰：'政在悦近而来远。'子贡问故。仲尼曰：'叶都大而国小，民有背心，故曰政在悦近来远。'中略。或曰：此韩非评孔子，而设为或人之说也。仲尼之对，亡国之言也。叶民有背心，而说之悦近来远，则是教民怀惠。惠之为政，无功者受赏，则有罪者免，此法之所以败也。法败而政乱，以乱政治败民，未见其可也。且民有背心者，君上之明有所不及也。不诏叶公之明而使之悦近而来远，是舍吾势之所能禁，而使与下行惠以争民，非能持势者也。中略。明君见小奸于微，故民无大谋；行小诛于细，故民无大乱。此谓图难于其所易也，为大者于其所细也。今有功者必赏，赏者不德君，力之所致也；_{赏者,谓受赏之人。}有罪者必诛,诛者不怨上,罪之所生也。_{诛者,谓被诛之人。其诛为己罪所生,故不怨上,与赏为己力所致,故不德君同义。韩非以为人皆守法,故然。}民知诛赏之皆起于身也,故疾功利于业,_{言民于其所业而疾图功利。}而不受赐于君。太上,下知有之。此言太上之下民无说也,安取怀惠之民？上君之民无利害,_{言唯守法而已,法之所在,无可趋利避害也。}说以悦近来远,亦可舍已。"详韩非此评,力反德化而主法术。孔子答叶公问见《论语》,而无子贡问及答语,或《论语》有脱文未可知。熊先生曰：儒家自尧舜迄文武,皆为政以德。存天地之性,反人道之正,莫大乎德化。_{此中反者,复义,非违反义。}背德化者,必入霸王主义,_{近世列强帝国主义,即此类。}决无中立之途。只行霸王主义者有泰甚与否耳。_{管仲、齐桓、晋文、楚庄、汉高、唐太、明祖及清之康雍乾诸主,以与近世希魔辈相较,独裁而犹有开明意味。齐桓、楚庄尤贤。至韩非、吕政、希魔辈,则极权泰甚,毁弃一切,而生人之祸亟矣。}韩非为吕政先导,其反对德化宜也。孔子因叶民有背上之心而语叶公以近悦远来,正诏叶公以反省。民之近者犹背上,则远益可知。此必上之所行有大不利于民生者。孔子故语以近悦远来,欲令叶公省悟耳。儒者德化,必居上者以身先之,上不自悟其失而徒恃势,控以严法欲民心归向,不可得也。韩非曰："是舍吾势之所能禁"。夫民也,而可恃势以禁其不相背乎？人者,有理性、有仁义、有自由之物也,无论如何大势束以严刑,终当决破网罗,复其人性。吕政用韩非之说,已极势禁之能事,其效何如？惜韩非早死,不亲见耳。孔子语叶公为政,须令近悦远来,韩非驳曰"惠之为政,无功者受赏,则有罪者免,此法之所以败也",又曰"便与下行惠以争民",此皆瞽说也。

夫德化非小惠之谓也。孔子适卫,见其民之蕃庶也,则曰富之;既富矣,教之。又尝曰"不患寡而患不无均"。资本家垄断财富,而平民患寡。贪官污吏垄断,则上而国家下而民众皆患寡。皆不均之患也。以此推之,叶公闻近悦远来之教,如自省过而更有问,孔子必示以如何为民均田产、平赋役、使民皆富,而后遍为庠序以教之,使民德、民智、民力充养日粹。如此则王道行而四裔慕化,岂唯一国之内近悦远来乎? 圣人德化,在为人民普遍谋富教,使人类精神得完美发展,并非以物质生活为满足,而亦不忽视物质条件。《读经示要》所谓"崇神而备物",见第一讲谈治化九义中。正谓此也。圣人之道极高远,亦极平易。民群生息于德化中而不谢恩于圣人,正如万物生息于天地间而不谢生于天地。天地与万物同体,本无心于生物;圣人与民群同体,亦非有意于惠民也。韩非疑圣人教民怀惠,何所见之下乎? 韩非徒见时主皆劫盗之徒,间行小惠,纵容有罪而赏无功,或见权臣市民,市民者,谓以小惠买民心,如鲁之李氏、齐之田氏等。因亦以细惠结民而与之争,遂妄计圣人诏叶公之意亦此类。其独鹓鹑已翔于辽阔,弋者犹视乎薮泽也。

《六反》篇有曰:"父母之于子也,产男则相贺,产女则杀之者,虑其后便,男有养亲之便。计之长利也。而况无父子之泽乎? 今学者之说人主也,皆去求利之心,出相爱之道,是求人主之过于父母之亲也。此不熟于论恩诈而诬也,故明主不受也。圣人之治也,审于法禁,法禁明著则官治;必于赏罚,赏罚不阿则民用。民用、官治则国富,国富则兵强,而霸王之业成矣。"《八说》篇曰:"慈母之于弱子也,爱不可为前,俞樾曰:犹言无前于此者,正见其爱之至也。然而弱子有僻行使之随师,有恶病使之事医。不随

61

师则陷于刑,不事医则疑于死。慈母虽爱,无益于振刑救死,则存子者非爱也。言所以存活其子者,非用爱也。子母之性,爱也;臣主之权,筴也。母不能以爱存家,君安能使爱持国?"《显学》篇有曰:"夫严家无悍虏,而慈母有败子,吾以此知威势之可以禁暴,而德厚之不足以止乱也。夫圣人之治国,不恃人之为吾善也,而用其不得为非也。恃人之为吾善也,境内不什数;用人不得为非,一国可使齐。为治者用众而舍寡,故不务德而务法。夫必恃自直之箭,百世无矢;恃自圜之木,千世无轮矣。自直之箭,自圜之木,百世无有一,然而世皆乘车射禽者何耶? 隐括之道用也。隐括使就绳墨,喻法也。不恃隐括而有自直之箭、自圜之木,良工弗贵也。何则? 乘者非一人,射者非一发也。不恃赏罚而恃自善之民,明主弗贵也。何则? 国法不可失,而所治非一人也。故有术之君不随适然之善,适然犹言偶然。而行必然之道。今或谓人曰: 使子必智而寿,则世必以为狂。夫智,性也。寿,命也。性命者非所学于人也,而以人之所不能为者说人,此世之所以谓之为狂也。今以仁义教人,是以智与寿说人也,有度之主弗受也。故善毛嫱西施之美,无益吾面,用脂泽粉黛则倍其初。言先王之仁义无益于治,明吾法度,必吾赏罚者,亦国之脂泽粉黛也。中略。胡明主举实事,去无用,不道仁义者故,俞樾曰:者字通诸,犹之也。不听学者之言。今不知治者,必曰:'得民之心。'欲得民之心而可以为治,则是伊尹、管仲无所用也,将听民而已矣。民智之不可用,犹婴儿之心也。犹当作犹。夫婴儿不剔首则复适,复适,谓加病也。不副痤则寖益。旧注:谓癕也。副,披而溃之也。剔首、副痤,必一人抱之,慈母治之,犹啼呼不止。婴儿不知犯其所小苦致其所大利也。今上急耕田垦草,以厚民产也,而以上为酷;修刑重罚以为禁邪也,而以上为严;征赋钱粟以实仓库,且以救饥馑、备军旅也,而以上为贪;并力疾斗所以禽虏也,而以上为暴。此四者所以治安也,而民不知悦也。昔禹决江濬河,而民聚瓦石;子产开亩树桑,郑人谤訾。禹利天下,子产存郑,皆以受谤,夫民智之不足用亦明矣。故举事而求贤智,为政而期适民,皆乱之端,未可与为治也。"

综上所言,韩非诋德惠,訾仁义,厌称先王,又以民智不可用而归诸人主独断,以严法为治。《韩非》书中似多抨击孟子处而未直指其名,今不暇引。孟子尝游梁,三晋或受其影响甚盛,故韩非攻之力。熊先生曰:贾生《过秦》之论谓"仁义不施"。秦自商鞅、孝公严法而不务德,韩非思想颇有承于鞅,而持论益闳肆。吕政读《韩非》书而善之,遂用其说。秦之祸天下后世而自祸者,韩非不得无罪也。从来枭桀敢独裁而无忌者,必以为民智不可用也,而自计所见者大、所持者正,足为斯民谋福利也。实则彼欲利之,正所以害之;彼欲福之,正所以祸之。其故何耶?天下之大,人类之众,其情形复杂,虽精于析物、巧于运算者,不可得而推析也。《易系传》曰"圣人有以见天下之动",又曰"类万物之情",又曰"范围天地之化而不过,曲成万物而不遗",此等语句广大无边,甚深复甚深,微妙极微妙。夫见天下之动者,见之于事先也。动之为言,其几将萌,而事未形也。几将萌者,众流汇激,群力交推,其间必有新几兆焉。新几者,群变之所胎。群变非遗任何个人而得成,但群变不即是任何个人。易言之,群变超越个人而独在者也。故曰天下之动,明属客观也。群变而胎新几,是其故故不留、新新而起，自然不容已也。圣人深观群变而精于知几，必不敢用私智而行独裁，所以曰类万物之情。万物之情，极天下之至赜，极天下之至诡矣。此类而通之，非排我见者不能也。得万物之情，则因物而裁成之，顺物而辅相之。如父母之扶持导养其子，以至于成立。其子独立发展而无所阻遏者，父母全顺其子之意志与情思及其发展之可能而裁辅之，裁辅，具云裁成辅相。未尝以己意宰割其子故也。故曰：范围天地之化而不过，曲成万物而不遗。此非体神居灵而无意者不能也。无意，谓无私意与私欲等。夫见动即知几。类情，知万物之情。非圣者不能，至于范围天地之化而不过，则圣而不可知之谓神矣。

太上知几，其次迎几，最下感几而狂动或昧几而不知所为，二者祸天下而终自祸者也。知几者，知之于几先，择善而不蹈于凶危者也。迎几者，几将著而迎之以不失其宜者也。宜之为言，义也。义在革故取新，举措悉当而不陷于大过也。感几者，不知几而有感以动，如应候之鸟也，是其动也，乘乎不得不动。几已熟，事已著，彼且自诩为时代之天使，然非先几之哲，亦不能为迎几精义之君子，恃其阴鸷黠慧，妄冀以己见宰万物。己见者，一偏之见，是未尝类万物之情也。任偏见而不求通万物之情，是非从其好恶，取拾随其权变，必欲纳天下于羿之彀中而不虑其后，是狂动而阻害群变之新几者也。夫新几之将萌也，只是穷则变而已，几之为吉为凶未判也。乘几而动者，能范围天地之化而不过，范围者取法之谓。如是而变则通，通则久，久则可大，是谓吉。参玩《易系传》。乘机狂动则不能通久大，是谓凶。夫法天地之化者，法其因物付物，而无私意私欲与其间也。无私意私欲与于其间,故不张己而轻万物。张者张大。不张己而轻万物,故可类通万物之情。类通万物之情,则于物之倾者覆之、栽者培之,《中庸》曰"天之生物,倾者覆之,栽者培之"。倾者,物既自倾,天不得不因而覆亡之。栽者,物方自殖,天不得不因而培养之。此义深广无边,推之群变。如今侵略主义者,即物之将倾者也,而天化于此可知已。皆因物自然也。其于万物并育而不相害、道并行而不相悖者,天亦因物自然而未尝有爱憎于其间也。有问者曰:"并育、并行,必其不相悖害而后可也。设相悖害,必不许并育、并行。"应之曰:不相悖害,必化私为公而后可衡定。如春谓秋曰:吾方生物,而汝肃杀之,吾不能容汝也。秋亦谓春曰:太空自寂,而汝使庶物怒生,何为者? 吾亦不可容汝也。实则春秋之争皆各挟私见,若自大化之公言之,春生秋杀,所以相反而相成也。不有秋杀,则生者恒守其故,何以见大化生生不已之盛乎? 故春秋从私言之,似相悖害;从大化之公而言,实不相悖害也。举此一例,可概其余。圣人法天地自然之化,故不肯用私智而行独裁。其于万物也,有裁成,有辅相,皆因物而成之,因物而相之。倾者覆,栽者培,与夫并育者、并行者,一皆辅万物之自然而不敢稍过。辅字吃紧,非一切放任也。然辅物之自然,非可以己意宰割之也。稍过,即将以己宰物,而物失其性矣。故不过。此圣人之所以为功于造化而使万物得所也。若乃乘几狂动者,不知法天地之化,将任己之偏见而固持之以统驭万物,虽可制胜于一时,其害之中于无形而发于后者,将不可胜言。韩非、吕政是也。

自春秋迄于战国,列国竞争日亟,群变已极而穷矣。穷则不能不胎新几也。孟子于此盖有知矣。其曰"天下定于一",知封建不可复为也；曰"民为贵"，曰"闻诛一夫纣矣，未闻臣弑君也"，知民主思想当实现，而统治阶级当芟除也。欲修井田，正经界，贱商人垄断，知非均产不足以遂民生也。又言瞽叟杀人，不得以子为天子而蔑视法律，其尊重民主法治之精神可见也。又言井田规制，曰"出入相友，守望相助"云云，其主张集体生活可知也。其非五伯则恶其外冒美名而内实侵略，所以杜奸诈而扶正义也。其贬墨氏则以伦理思想不合，故拒之甚力。然犹称其摩顶放踵以利天下，则尊之至也。其詈杨氏为我，鄙之曰"拔一毛而利天下不为也"，则痛绝之固宜。孟子于墨非全斥绝之，于杨墨外，当时诸子百家之学皆无所抵拒，其主思想自由可知也。使孟子在当时能发挥其思想而作民主自由运动，战国以后之局当别是一种规模，别是一番气象。惜乎孟子之论皆引其端而不曾畅发，又非实行家，故于当时七国民众无甚影响。而韩非乃以狂暴独裁思想资之吕政，遂使中夏二千余年成为夷与盗贼迭起宰割之局。韩吕之徒乘机狂动而不虑其后，论世者所为寒心也。韩非以为民智不足用，其所举证，皆以苛察之能，从片面去摘发细民之情，_{此处吃紧，韩非根本病痛在此。}遂以之为根据，而妄断凡民皆无知，以为居上乘势者，可鞭笞之而无不如意也。如彼所举"上急耕田垦草"云云，皆不足一哂。夫一家之内，父兄日以耕垦教子弟，其子弟非不知耕垦之利也，然尚有偷惰而苦父兄之过严者。况一国之民，其于上令焉得皆无苦乎？须知家或有不良之子弟，而为父兄者终不曰：凡子弟皆无知，将皆不可任其独立也。但善为诱导，使之勉事田畴，久之经验渐多，不待劝而趋务。其独立成家业，将有过于父兄者殊多也。使父兄轻鄙子弟而终其身亲操家务,不听子弟自为计,如此者,吾恐天下为子弟者将无一人可自立自存也。凡韩非之说,其不通皆此类。且夫一国之民,其数甚繁,分别求之,则智愚贤不肖悬殊,不可胜计也。通观之,则一国之群众长短相资,智长者,其所知所见自无形而有宣达于社会,<small>注意有字,非谓可全达于人,而总有许多知见可以达出。</small>智短者,亦因闻见所及而明白许多道理。故凡一国大计与夫公是公非或真利真害所在,国民皆甚了然。<small>公是即真利也,公非即真害也。利害之不合于公是公非者,必其迷于私而不知有公也。不知有公者,图私利而终得其害。惜乎自私者不知也。</small>陆宣公奏议有云"众人者,虽愚而神"。富哉斯言!韩非之智不及此也。夫众人,自一方面观之似愚,今人多言群众是盲目的者,即此意;自另一方面观之,则其明智如神。国家用人行政而得也,虽成效未甚显著,而众人已确信为当兴之兆;用人行政而失也,虽覆巢之祸未即至,而众人已决为必亡无疑。此稽之历史、验之当今而皆无或爽者。《管子》曰:"政之所兴,在顺民心;政之所废,在逆民心。"<small>《牧民》篇。</small>又曰:"夫民,别而听之则愚,合而听之则圣。虽有汤武之德,复合于市人之言。是以明君顺人心,安性情,而发于众心之所聚。是以令出而不稽,刑设而不用。先王善与民为一体。与民为一体,则是以国守国,以民守民也。"<small>《君臣上》篇。</small>呜乎至矣!韩非岂识此哉?故政体毕竟以民主为大公之道,不易之规。民主,则群众之公共意力可以发抒。独裁,则一夫昏乱于上而公论无权,甚至捏造公论,而群众之真正公论反消灭于无形。韩非之独裁思想,吕政已试验之,终以毁民性、害国命,祸延二千余年,而夏人不复振也。哀哉!

韩非言"严家无悍虏,慈母有败子,以此知威势可以禁暴,而德厚不足以止乱也"云云。此即余前所云,以苛察之能而片面去摘发细人之情以作论据。是乃妾妇之智,不可与语人道而谈治理也。夫赫日丽天者,其常也;而浮云翳日者,其变也。有常必有变,无变何以知常? 慈母不必有败子,此以常理言也;慈母不得无败子,则事之变也。今以慈母有败子,遂欲废德厚而专任威势,若人类自其为婴儿时,果无母爱而生长于威势之下,吾不知人类尚能存在否耶? 夫鸟兽不伤其类者,鸟兽自其出生至稚龄时,亦有母爱陶养其爱情,故长大犹能爱同类也。若使鸟兽全无母爱陶养,则纯以威势相搏噬,将同类无所恤,鸟兽之绝其类也久矣夫。呜乎! 韩非智小而不足穷理,遂限于不仁也。严家无悍虏,固由主人刚明,奴虏无所售其奸。然主人能得虏之效忠也,亦必有德厚以感之,徒恃共刚,虏决不为之用也。至云"为治者用众而舍寡"一段语,持论似是,而实不知治也。儒者之道,以德厚为主,以威势为辅。德厚,常道也,万物同由是而生,正如吾人不可一日离常食品,其珍异之味则偶御者也。威势所以恐怖人者也,人不能常生存于恐怖中,犹珍味不可为常也。唯人敢作恶犯罪者,乃以威势怖之耳。故用众则唯德厚宜遍用,其或被德惠而不知化者,则济以威势,使不敢逞,是用众矣而亦未尝舍寡也。圣人之于民也,常以德化之,而亦有法刑以威其不率教,何尝恃"自直之箭、自圜之木"? 甚矣! 韩非之愚不肖也。以上皆熊先生之论,盖自悲智心中流出。后之治韩学者,所宜虚怀切究。

韩非主独裁、尚威势,故其为法之主要作用,尚在赏告奸、严诛戮。此本商君之所用于秦者。韩非言法,盖承商君而益阐明之。其说之异见采于吕政,亦以其与秦同道故也。《奸劫弑臣》篇曰:"古秦之俗,君臣废法而服私,是以国乱兵弱而主卑。商君说秦孝公以变法易俗而明公道、赏告奸,困末作而利本事,_{末作,工商也。本事,耕织也。详《史记·卫鞅传》。}当此之时,秦民习故俗之有罪可以得免,无功可以得尊显也,故轻犯新法。于是犯之者其诛重而必,告之者其赏厚而信。故奸莫不得而被刑者众,民疾怨而罪日闻。孝公不听,遂行商君之法。民后知有罪之必诛,而告奸者众也,故民莫犯,其刑无所加。是以国治而兵强,地广而主尊。此其所以然者,匿罪之罚重,而告奸之赏厚也。此亦使天下必为己视听之道也。至治之法术已明矣,而世愚学者弗知也。且夫世之愚学,皆不知治乱之情;_{王注:情,实也。}谍唊多诵先古之书,_{谍,多言也。唊,妄语也。}以乱当世之治;智虑不足以避穿井之陷,又妄非有术之士。听其言者危,用其计者乱,此亦愚之至大而患之至甚者也。"_{按吕政焚坑之祸,即本于此。}又曰:"夫严刑者,民之所畏也;重罚者,民之所恶也。故圣人陈其所畏,以禁其邪,设其所恶以防其奸,是以国安而暴乱不起。吾以是明仁义爱惠之不足于用,而严刑重罚之可以治国也。无捶策之威,衔橛之备,虽造父不能以服马;无规矩之法,绳墨之端,虽王尔不能以成方圆;无威严之势,赏罚之法,虽尧舜不能以为治。今世主皆轻释重罚严诛,行爱惠,而欲霸王之功,亦不可几也。"

如上所述,韩非主严诛重罚。其论虽过激,而治甚昏积乱之俗确非如此不可。昔元人入关九十年间,自其中央以至地方官吏皆货赂公行。胡性贪残,无有厌足。腥膻广被,汉人之不为胡者几希。及明祖光复,以严诛重罚惩治贪污,一赃案或株连至万人以上,稍涉嫌疑,有死无赦。元勋宿望,清约自守,有不轨者,穷治党与,无或幸免。然天下贤能未尝不尽力罗致,量才授事,此明祖所以开一代之治,保固神州,与汉唐并称也。清人受东胡收买,尽詈明祖,熊先生颇为申辨。见《读经示要》第二讲。使明祖在今日,诸豪门早已授首覆族,则政治修明,人心固结,一切改造与建设计划自可内度国情、外察世界潮流,稳健作去,何至造成惨劫? 夫明祖严诛重罚,不避巨室,亦不遗下吏,此其法之所以行也。若窃钩者诛,窃国者侯,则法毁而危亡无可幸免。今日之事已明验。然韩非主严法而去惠爱,此则甚谬。熊先生谓其以苛察之能而片面去摘发细人之情以为论证,确深中韩非之病。韩非有曰:"世之学者说人主,不曰乘威严之势以困奸邪之臣,而皆曰仁义惠爱而已矣。世主美仁义之名而不察其实。夫施与贫困者,此世之所谓仁义;哀怜百姓不忍诛罚者,此世之所谓惠爱也。夫有施与贫困,则无功者得赏;不忍诛罚,则暴乱者不止。国有无功得赏者,则民外不务当敌斩首,内不急力田疾作,皆欲行货财、事富贵、为私善。故奸私之臣愈众,而暴乱之徒愈胜,不亡何待!"见《奸劫弑臣》篇。熊先生曰:韩非以为仁义者,即施与贫困之谓也,惠爱者,即哀怜百姓、不忍诛罚之谓也,此乃习见战国奸盗之臣市小惠以收民心,而昏庸之主亦效其术以与下争民,因此乃妄臆孟子之宗法孔氏原本六经而言仁义惠爱者,亦与乱世君臣之所为者相同。此韩非之愚妄也。儒者之仁义惠爱,乃参赞天地之化育而使万物并育者也。天地未尝有意为德于万物,而万物之自生自成,固皆天地之德也。圣人非有意为功于万物,与天地同,乃其参赞天地之化育者,则于万物有裁成辅相之事。虽因物而裁之、因物而相之,未尝以己宰物,然必有裁之相之之事,使其生也日富,其成也日盛。譬如慈母之扶携幼孩以学步也,本因幼孩有步行之良能而裁辅之,以诱其自动,非如人之穿牛鼻、络马颈,以强力宰割之也。但幼孩虽有步行良能,若无慈母裁辅之功,_{此中裁辅谓扶携。}则其良能或易沮丧,纵不全丧,其困踬必多。故霸者宰物,固违天道而毁物性。道家之徒取放任主义,于万物无有裁辅,_{参考《读经示要》第二讲。}其自私与霸者不异也。道家之下流为申韩,有以也。是故圣人有裁成辅相,即圣人之参赞化育也。圣人参赞化育,是圣人之仁于万物、义于万物、惠于万物、爱于万物,知其与天地万物同体而无可自解者也。裁辅之事,精则有礼乐,粗则有政刑。礼乐者,通天人而一贯,为政刑之原也。礼主序,乐主和。得序与和之意,上达天德,_{宇宙本体备万理、含万善,即序与和也。}下尽物则,_{万物皆有秩序,至颐而不可乱,亦是序与和。}从一本达万殊,会万殊归一本,至大无外,至神无方,礼乐之蕴也。愚俗以礼乐二字为老生常谈,岂不悲哉!政之大者,莫如富教。儒者推上世井田之意以行均产,_{参考《读经示要》卷三说《春秋》处。}备物致用,立成器以为天下利,_{见《易系传》。}使民有为疾用舒之乐,_{《大学》云"为之者疾,用之者舒",近世技术发明便有此效。}此皆富政之大者也。《周礼》以各职业分联系,各举其职,和同为治,_{各业联,互相和同。}故其政制为多元,复杂而不至纷歧,合作而不容独断。是以集体形式发展自由精神,为人类社会生活最完善之型范。如其有不自由之集体,则是以人类为束薪,不可常也。儒者教政有学校教育,上自太学,下至乡校,三代遗制,自素王至七十子后学皆有讲说,散在经传可考也。有社会教育,《周礼》论之綦详,方正学、王阳明皆有志乎此,惜乎二千余年来见厄于夷与盗,卒莫能行也。《春秋》三世义,由国家思想、民族思想而进入大同思想。此圣人权衡之妙。霸者利用人民之国族思想以发展野心,而逞侵略雄图,则斥之为夷狄,等之于鸟兽,必诛绝之,不容存在。此圣人之秉大义以大雄无畏也。愚贱之徒剥丧人民之国族思想,甘为牛马,效顺于侵略者,<small>魏晋名流及清儒,至为下贱。</small>亦等之于兽类。如定四年经:"夏四月庚辰,蔡公孙归姓帅师灭沈,以沈子嘉归,杀之。"沈子嘉平日无国族之爱,故政乱而不足自存,为蔡公孙归姓所灭。书曰以归杀之,犹曰猎得一兽,以兽归杀之云尔。以者,贱极之辞也。此特一例。<small>参考《读经示要》说《春秋》处。</small>圣人于无国族思想者嫉且贱之如此其甚何耶? 如有甘为奴,方有奴人者,而世界无可大同,人类无可平等也。有甘受侵略,方有侵略者,而世界无可大同,人类无可平等也。此圣人所以于受侵略及侵略者与为奴及奴人者,两皆鸟兽之、诛绝之,两皆不许存在,是圣人权衡至当也。圣人之仁义惠爱于万物也,欲全人类共存共荣也,欲全人类同得平等自由也。有为奴与奴人者两阶级存在,即无平等自由可言,即无共存共荣可言。圣人削除此两阶级,欲人各自爱自立,而后世界大同也。此圣人之仁义惠爱也。又复应知,儒者言治,极于草木鸟兽虫鱼各遂其生、各得其所,人之于物,不可非礼暴杀。此类章则,《礼经》详载。近儒曾涤生犹言"一物未康,即亏吾性",尚承经义。三代之制民食也,菽粟为主,肉类则于祭祀晏飨等外,殆罕用之。迄今民俗,犹未甚改。圣人治道致广大而尽精微,犹天地也。而韩非乃以乱世君臣行事妄拟吾儒之仁义惠爱,此非独不肖也,适见其下愚而已矣。更就刑言,有死刑,有囚系,有流放,有体罚,有金赎,罚各当其罪,罪不得遁于法外。唯罚贵当而必,不可以重为轻、以轻为重,所以彰平信,罚平则罪人服,罚而信则罪人不敢再犯。使人悔过而兴于善。故刑法所以辅礼教也。故犯之罪从重刑,则不肖亦有所警矣。《春秋》《尚书》、三礼,甚可考见圣人制刑之意,惜乎今人不肯究,乃一意抄袭外人。夫商韩惨酷,固无理,而中外异情,则外袭非所宜也。韩非云"不忍诛罚,则暴乱者不止"。余求之六经,未见圣人任姑息之惠而有不忍诛罚之义也。后王有赦典,圣人所不许。郑玄习于六经故训,犹能言此义。韩非去七十子后学未远,乃妄诬何为耶? 至以施与贫困为仁义,遂妄诟吾儒。不知儒者富民之政,根本不使社会上有贫困待施之民,其道极于大同太平,万物并育。上文已广明儒义,可覆按也。韩非攻儒,无一语不妄。上来历述熊先生之论,可见儒道与霸术不止天壤悬隔。今后人类如不自毁,则黜霸弘儒,其不可一朝缓也夫。

卷二十《心度》篇曰:"圣人之治民,度于本,不从其欲,期于民利而已。故其与之刑,非所以恶民,爱之本也。刑胜而民静,赏繁而奸生。故治民者,刑胜,治之首也;赏繁,乱之本也。夫民之性,喜其乱而不亲法。故明主之治国也,明赏则民劝功,严刑则民亲法。劝功则公事不犯,亲法则奸无所萌。中略。夫国事务先而一民心,专举公而私不从,赏告而奸不生,明法而治不烦。能用四者强,不能用四者弱。"《制分》篇曰:"是故夫至治之国,善以止奸为务,是何也? 其法通乎人情,关乎治理也。然则微奸之法奈何? 此句从孙诒让校定。微奸之法谓司察奸人之法也。其务令之相规其情者也。规,窥也。王注:务令人彼此窥察其隐情也。则使相窥奈

73

何？曰盖里相坐而已。一里之中有犯罪者，则一里之人同坐以其罪。禁尚有连于己者，里不得相窥，唯恐不得免。里中之人人皆知禁尚连及己，如吾里有怀奸心者，若不得相窥，及早告发，则各怀恐惧，以为己将不得免也。如此必各阴相窥察，则有奸心者终不得掩。有奸心者不令得忘窥者多也。有奸心者不忘窥者之多，则其情不自安，必易败露于外。如此，则慎己而窥彼，人皆慎己而窥彼，则互相窥伺也。发奸之密。告过者免罪受赏，失奸者必诛连刑。必诛，谓奸人无可免于刑也。连刑，谓失奸则同里皆与奸人同罪连刑，无得免者。如此，则奸类发矣。奸不容细，如一言偶露不平，一事偶尔失检，此奸之极细者也，今亦不容。韩非主轻罪重刑故也。私告任坐使然也。"旧注：任，保也。同里相保之人皆与奸人同罪，故云任坐。里中有奸人，既许里人相窥而得私告，失奸则里人同坐，是奸人无可匿也。

如上所述，韩非为法盖师商君，而以告坐法为本要，即其术之所资亦在是也。韩非尝言："明主者，使天下不得不为己视，使天下不得不为己听，故身在深宫之中而明照四海之内。"又曰："此其所以然者，匿罪之罚重而告奸之赏厚也，此亦使天下必为己视听之道也。"以上皆见《奸劫弑臣》篇。《主道》篇有曰："官有一人，一人谓如各部长官也。勿令通言，则万物皆尽。"此则百官皆使之互相窥察也。《扬权》篇曰："听言之道，容若甚醉，凡听言者欲暗以招明、愚以求智，故其容有似乎醉也。容旧作溶，依俞樾校改。唇乎齿乎，吾不为始乎。默然听之而已，不先吐己意，云不为始。齿乎齿乎，愈昏昏乎。不言而昏，昏若无知也。彼自离之，吾因以知之。彼，谓百官。夫百官互相窥而互相离，其行事得失自有告密者，故在上者因以知之也。是非辐凑，上不与构。"告坐之法立，则臣工或是或非，如辐之凑，皆从下上达，上但

并听之，不与讲说，退而处之可也。王先慎曰：构讲古通。是也。但训为调解
便非。谓听时不与讲说，令其不测耳。此即本篇前节不见其采之意。以上注
家失解。综上所述，可见韩非治官、治民，以一告坐法为主。韩非
所云，明主使天下必为己视听者，盖恃告坐法也。然用此法而无
失者，必须具三条件：一曰居上者必虚明如神。《扬权》篇曰"主
上不神，下将有因"。上既神而不可测，故下不敢造诬言以相欺
也。二曰近臣勿与私亲。同上篇曰："欲治其内，置而勿亲。"内
者，近臣也。近臣虽置而勿私亲之，彼乃无从控上意，而蔽上之
奸心不敢生。三曰赏罚之权必操于上。《二柄》篇曰："夫虎之所
以能服狗者，爪牙也。使虎释其爪牙而使狗用之，则虎反服于狗
矣。人主者，以刑德制臣者也。德谓赏。今君人者释其刑德而使
臣用之，则君反制于臣矣。"夫以告坐法为治者，是乃所谓侦探政
治也。上之三条件不具而使侦探成群横行于天下，则将使鸟乱
于上，鱼乱于下，至于危亡而上犹不悟也。然使为上者虽非虚明
如神，而阴鸷黠慧、深阻不测，又有不私近臣，严操大柄，则亦可
用侦探政治而收一时之效。大凡独裁极权之政，将以一夫鞭笞
天下、控驭万物，则非使万物失其自由不可。所以者何？如物各
自由，则物得各奋其智、各尽其力。物各用其智力，则任何人不
得临乎其上，控驭而鞭笞之也。然则如何使万物失其自由？曰：
必使万物互相离也。物互相离，即其智其力不得互通而合作也。
物不得相合作，则其智其力皆消失。物之智力皆消失，则物皆死
物也。物皆死物，故独裁者可以控驭而鞭笞之也。如是，则独裁
者之宰万物也，如匠挥斧挥斤，随所投之，无不如意也。如御者
引众骑，六辔在手，左驰右驱，靡不利也。然则如何使物互相离？

曰：莫如告坐法，以利诱、以威劫，而使人互相窥也。告奸有厚赏，利诱之也；失奸则连坐，威劫之也。如是则人不得不互相窥也。人互相窥，即互相离矣。商鞅首创此法，而韩非更弘阐之。秦自孝公以后，世行此法，迄吕政而用之益厉。秦虽收一时之效，得并六国，然亦不旋踵与六国同亡耳。秦人内治用侦探，外交亦善用侦探，其使于六国者皆侦探也。张仪之徒，侦探良材也。独裁政治与侦探政治，二而一者也。韩非所云使天下必为己视听之道，唯用侦探而已。天下皆为独裁者视听，则天下之耳皆自失聪，徒为独夫作资具耳。天下之目皆自失明，亦徒为独夫作资具耳。天下之耳目皆自失其聪明，则天下残毁，百世而难复活也。彼独耳独目者，其又能用之不竭乎？吕政极盛时，固已有知彼不能传其子者，故托之谶而曰亡秦者胡。使政之年或永，其能不膏斧钺乎？呜乎！秦亡无可惜，而黄农虞夏以来，声明文物光辉烂然、诸子百家精彩焕如之天下，至秦而剥尽无余矣。哀哉哀哉！鸟兽犹爱其类，何况于人？韩非吕政而有知也，其又何忍如斯耶？

《六反》篇有曰："学者之言皆曰轻刑，此乱亡之术也。凡赏罚之必者，劝禁也。必赏以劝功也，必罚以禁罪也。是故欲治甚者，其赏必厚矣；其恶乱甚者，其罚必重矣。今取于轻刑者，其恶乱不甚也。此非特无术也，又乃无行。是故决贤不肖愚智之笑，在赏罚之轻重。笑字，旧作美，俞樾校改。且夫重刑者，非为罪人也。非为罪人而重之也。明主之法也，杀贼，非治所杀也。治所杀也者，是治死人也。杀字，旧作撽，从俞樾校改。刑盗，非治所刑也。治所刑也者，是治胥靡也。胥靡，刑徒也。故曰重一奸之罪而止境内之

76

邪,此所以为治也。重罚者盗贼也,而悼惧者良民也。欲治者奚疑于重刑? 若夫厚赏者,非独赏功也,又劝一国。受赏者甘利,未赏者慕业,是报一人之功而劝境内之众也。欲治者何疑于厚赏? <small>按韩非主审合刑名,故赏厚而不滥,可以劝众。西人于学术与技艺有发明者,皆奖励甚优,亦合韩子之旨。</small>今不知治者皆曰:重刑伤民,轻刑可以止奸,何必于重哉? 此不察于治者也。夫以重止者未必以轻止也,以轻止者必于重止矣。是以上设重刑者而奸尽止,奸尽止则此奚伤于民也? 所谓重刑者,奸之所利者细,而上之所加焉者大也。民不以小利蒙大罪,故奸必止者也。所谓轻刑者,奸之所利者大,上之所加焉者小也。民慕其利而轻傲其刑,故奸不止也。故先圣有言曰:不蹶于山而蹶于垤。山者大,故人顺之;垤微小,故人易之也。今轻刑罚,民必易之。犯而不诛,是躯国而弃之也;犯而诛之,是为民设陷也。是故轻罚者,民之垤也。”《外储》篇有曰:“秦昭王有病,百姓里买牛而家为王祷。公孙述出见之,入贺王曰:‘百姓乃皆里买牛为王祷。’王使人问之,果有之。王曰:‘訾之人二甲。’<small>王注:量财货曰訾。人,谓里人。计里买牛之力而令其出二甲,所以罚之也。</small>夫非令而擅祷,是爱寡人也。夫爱寡人,寡人亦且改法而心与之相循者,是法不立。法不立,乱亡之道也。不如人罚二甲而复与为治。”

上述厚赏重刑之说,皆韩子为法之为精义也。熊先生曰:厚赏重罚,视用之如何耳。如以刺察异己,凡异己者之一言一行有不合于当道者,虽其言诚是、其行诚善,亦以叛逆待之,因厚赏告者而处叛逆以重诛。如是者,其法必败,其社会必日腐坏,其国必亡。如其用人行政或诸事考绩皆审合刑名,职举效著者,当厚赏则厚赏之，其有作恶乱纪，虽细恶小失亦重罚之，以警效尤，以此治乱国浮滑之民，则适宜之道也。六经之言刑，本主罚当其罪，无可故轻故重。此以常理言也。然治乱国用重典，经亦有明文。民国以来，居上位者释法而用私。大官承势谋私利，国贫而家富。宠帅不能战而皆善殖财，或且以贪罥人而自纵部属为之，无知而骄恣，败国犹不失宠任。至于民刑诸法，抄袭外人，本不适于国俗。法吏出自都市上庠，以取资地为谋官求财之具，所学不过抄袭外说，于国法民习都不措意。一旦居官断狱，则缘金钱与绅士酬应而任意出入，法毁而民日习于滑。地方多事，良民无可安生。如是而欲毋危亡，不可得也。继今为治，贪污溺职之文武大官，必酌古法灭族之例而诛绝其宠室及子女与同谋者，先从中央大员实行。清律较近，今之民刑诸法，宜依之以修正。官吏贪墨者，杀无赦。犯重贪者，夷其妻子及同谋。综核名实，信赏重罚，力行三年，中国大治，天下莫强焉，余敢断言也。若乃信任侦探政治，以互相窥之法而摧灭天下之异己者，则正气将销尽，族类将殄绝，不止亡国之痛也。后之人，其鉴于秦焉可也。熊先生此论至为切要，虽绳治韩子之短而未尝不择取其长也。愚以为秦昭王罚百姓之为己而擅祷者，此意甚善。不缘爱己者而释国法，此其法之所以行也。

九

　　上来论次韩非明法之言，今将略述其一孔政策。韩非本自明为霸王主义,志在致国家于富强而后可帝天下。彼为韩之王族。当时,秦国强暴,韩与秦为近邻,秦人割其土地,夺其资源,奴其人民,侵略无已止。韩非志在霸王之业,而其情则亟于救国。《奸劫弑臣》篇曰:"正明法,陈严刑,将以救群生之乱,去天下之祸,使强不凌弱,众不暴寡,耆老得遂,幼孤得长,边境不侵,君臣相亲,父子相保,而无死亡系虏之患。"观此,则韩子愤发图强以抗暴秦之意愿,盖情见乎辞矣。《安危》篇曰:"安危在是非,不在于强弱;存亡在虚实,不在于众寡。"《五蠹》篇曰:"治强不可责于外,责者,求外援也。内政之有也。"能修内政以自强,何必倚外? 古今为国者,未有倚外而不亡也。此其所见甚明,自信甚强,宜可大有造于韩矣。然而韩子终不能得韩之政者,必其为韩人所不戴也。《问田》篇:堂谿公规韩子曰:"夫舍乎全遂之道而肆乎危殆之行,窃为先生无取焉。"堂谿公必韩之世臣旧家,殆见韩之重臣有嫉韩子者,故以危殆规之。余意,嫉韩子者不止重臣也,即在社会方面当亦无同情于韩子之政策者。熊先生曰:韩子政论宗趣,约析以三:一曰人民属于国家,即人民之一切应为国家而牺牲,国家有无限自由而人民无自由。二曰个人属于群体,即个人之一切应为群体而牺牲,群体有无限自由而个人无自由。三曰基于上述二义,当令全国上下并力于耕战。此与今之列强戮力于生产与军备者完全遥合。韩非以为全国上下并力耕战一途,则国家富强可立致,而霸王之业必成也。其并力耕战之主张,可以谓之一孔政策。如凿金石,并力凿一孔,金石为开;力纷而无所集中,凿木亦不可穿也,况金石乎?《饬令》篇曰:"利出一空者,其国无敌;顾广圻曰:空读为孔。按《老子》"孔德之容",王弼注:孔,空也。

古孔空通。注《老》者或训孔为甚，则失其旨矣。利出二空者，其兵半用；利出十空者，民不守。"据此，则韩非以并力耕战为利出一孔，是无敌于天下之道也。唯其持一孔政策，故厉行统制，诸不直接参预耕战之途者，均认为与其国家富强思想有妨害。易言之，即与其霸王主义有妨害。凡认为有妨害者，即非根本禁绝之不可。其统制范围过宽广，商君之狭隘残酷，尚未至是也。今略述如后。

一、反智而尚力，故以法为教，而一切学术思想皆禁绝之。《五蠹》篇曰"夫耕之用力也劳，而民为之者，曰可得以富也。战之为事也危，而民为之者，曰可得以贵也。今修文学，习言谈，则无耕之劳而有富之实，无战之危而有贵之尊，则人孰不为也？是以百人事智而一人用力，事智者众则法败，韩非为法，原本独裁。今学者皆从事于智，则学术思想愈盛，而愈不肯守独裁者之法也。用力者寡则国贫，此世之所以乱也。故明主之国，无书简之文，以法为教；无先王之语，以吏为师；顾广圻曰：王当作生，与下文吏对。非是。世之学者，所传多先王之语，如儒墨等皆然。今令人民以吏为师，吏之所授者，法也，与上以法为教相应。无私剑之捍，以斩首为勇。以上皆吕政之所取法者。是境内之民，其言谈者必轨于法，动作者归之于功，为勇者尽之于军。是故无事则国富，有事则兵强，此之谓王资"云云。详上之所谓文学者，盖指儒家及墨氏等言，《显学》篇以儒墨并论。而其所禁绝者，犹不止此。同上篇有曰：同上者，同上引《五蠹》篇也。后仿此。"今境内之民皆言治，藏商、管之法者家有之而国愈贫。言耕者众，执末者寡也。商管，谓商君、管子，其书并言及农事，然为其学者，但言耕而不执末，则其学可废也。境内皆言兵，藏孙吴之书者家有之而兵愈弱。言战者多，被甲者少也。"言战而不被甲，故孙吴之学可废。又曰"磐石千里，不可谓富；象人百万，不可谓强。象人，即俑人也。磐不生粟，象人不可使距敌也。今商、管技艺之士，亦不垦而食。是地不垦，与磐石一贯也。儒、侠毋军劳而显荣者，则民不使，与象人同事也"云云。据此，则商、管、孙、吴诸学亦与儒墨同讥。又以技艺之士与商、管并言，则技艺皆其所不贵也。古者百家之学，如天、算、工程、物理、机械、医药等等，皆称技艺。韩非以为从事于此者，如不被甲执末，即皆空谈，故与商、管并斥之。《六反》篇有曰："语曲牟知，伪诈之民也，而世尊之曰辩智之士。"详此云辩智，云语曲牟知，王注引《淮南·时则训》。高注：牟，多也。语曲者，如研究思想轨范、论议律则之学者，皆严析偏曲、究尽细微，故云语曲。而斥以伪诈，是名学在所必禁也。《显学》篇曰："夫冰炭不同器而久，寒暑不兼时而至，杂反之学不两立而治。"据此，则古者诸子百家之言，自韩非视之，皆所谓杂反之学。杂者，纷杂而不一也，不一即互相反，故云杂反。可见韩非以法为教，以吏为师，即一切学术思想皆在禁绝之列，并非独毁儒家。但儒家为其所最注目，而其书中几无处不攻击之。儒家之学极于穷神知化，而韩非有曰："今世之所谓智者，微妙之言也。微妙之言，上智之所难知也。今为众人法而以上智之所难知，则民无从识之矣。"见《五蠹》篇。此所谓微妙之言，即指儒家《大易》而言，决非目道家。因韩非归本道家，决不以此诋之也。韩非于儒家微妙之言，但谓其非民务，无可多置词。惟儒者以崇德而事智为治，则与韩非之狂暴极权不两立，与其独裁法不并容，此韩非所以念念不忘儒家而攻之不已也。然诸子百家之学，韩非固同一弃置。吕政承之而毁尽一切,自其善《五蠹》之篇而已知所趋矣。吕政以法为教,以吏为师,明明用《五蠹》篇之说也。熊先生此论,发见韩非悍毒。韩非言"明主之国,无书简之文,以法为教"云云,则一切学术思想皆当废绝,爰止于儒? 又言"事智者众则法败",是其愚民之术坦然直揭,可谓毒且悍矣。

二、韩非之耕战一孔政策,必使人皆执耒披甲,其所崇勉而称美者即此等人。《六反》篇曰:"赴险殉诚,死节之民也,而世少之曰失计之民也。寡闻从令,全法之民也,而世少之曰朴陋之民也。力作而食,生利之民也,而世少之曰寡能之民也。嘉厚纯粹,整谷之民也,谷,善也。而世少之曰愚赣之民也。重命畏事,尊上之民也,重命,谓尊君上之命令。作事敬畏,不敢离法,曰畏事。而世少之曰怯慑之民也。挫贼遏奸,明上之民也,王注:明上谓奉扬法令。而世少之曰诌谗之民也。此六民者,世之所毁也。"据此,则韩非以世所共毁之六民皆耕战有益之民,而又标举奸伪无益之六民为世所誉者。同上篇曰:"畏死远难,降北之民也,而世尊之曰贵生之士。远难即免难之义。畏死远难之人用以当敌,必不耻降北之辱。学道立方,离法之民也。立方者,立方正之节也。此为国法之所不得加,故云离法。而世尊之曰文学之士。如儒墨等是也。游居厚养,牟食之民也,牟同谋。而世尊之曰有能之士。游居,如托于诸侯者。此不尽为牟食,韩非却不别择。语曲牟知,解见前。伪诈之民也,而世尊之曰辩智之士。行剑攻杀,暴憿之民也,而世尊之曰磏勇之士。磏者,厉石,棱利义也,此言侠士。活贼匿奸,当死之民也,凡官法认为奸贼,欲捕杀者,今谋活之匿之,亦应坐以死罪,故曰当死之民。而世尊之曰任侠之士。侠字旧作誉,依卢文弨校改。此六民者,世之所誉也。"又曰:

82

"奸伪无益之民六而世誉之如此,耕战有益之民六而世毁之如彼,此之谓六反。"详《六反》中,惟畏死远难之民最可耻,其余宜加别择。若孟荀二子,则不当与游居同讥。惠施、墨辩诸子,牟知诋同诈伪? 行剑活贼,如奉正义、伸公愤,则任侠之行,至可尊尚。学道立方,大人之事,而乃与降北之民同科可乎? 耕战有益之六民,君子当寄以同情,若使常受驱迫于主上,如人道何? 韩非首忌者儒,次则侠。儒之文学,侠之强武,皆不服专横之法禁,故韩非恶夫儒者用文乱法,侠者以武犯禁也。侠亦儒之别子,《礼经·儒行》篇可证。名家则儒之支流。韩非所谓奸伪无益之六民,其积憾于儒者尤深也。韩非奖耕战而贱行修,《八说》篇曰:"鲍焦、华角,天下之所贤也,鲍焦木枯,立死,若木之枯也。华角赴河,其事未详。虽贤不可以为耕战之士。博习辩智如孔、墨,孔、墨不耕耨,则国何得焉? 修孝寡欲如曾、史,曾、史不战攻,则国何利焉? 匹夫有私便,人主有公利。不作而养足,不仕而名显,此私便也。不作,谓不耕作。息文学而明法度,塞私便而一功劳,此公利也。闭塞匹夫私便之路,而一归于战功与耕作之劳,息灭文学,以法为教,则人安于无知,乐守法。此人主之公利。夫贵文学以疑法,尊行修以贰功,尊匹夫之行修,则民将不披甲执末以务功劳,故云贰功。索国之富强,不可得也。"《五蠹》篇曰:"故不相容之事,不两立也。斩敌者受赏,而高慈惠之行;拔城者受爵禄,而信廉爱之说;坚甲厉兵以备难,而美荐绅之饰;富国以农,距敌恃卒,而贵文学之士;废敬上畏法之民,而养游侠私剑之属。举行如此,治强不可得也。国平养儒侠,难至用介士,所利非所用,所用非所利。是故服事者简其业,谓耕战者非上所用,民将不从事于此而简慢其业也。而游学者日众,是世之所以乱也。"综上所述,可见韩非主张以耕战亟图富强,不独废息学术,更轻贱行修,虽孔、墨之圣,曾、史之贤,亦以其劳异于田、功亏斩首,而侮之如象人、磐石。是则人皆习斗趋利,虽返于鸟兽可也。

熊先生曰:韩非以并力耕战为利出一孔,不惜废学术,贱行修,塞智慧之门,断自由之径,反人道于披毛戴角,侮同类犹圈豕驱羊。自昆吾大彭以来,霸者用术之酷,未有若斯之甚也。夫耕以足食,而食者资生之具,生者固非为食而生也。战以御侮,不可以乐杀而战也。战而有功,以除人类之公敌为功,非可以能杀为功也。耕而有劳,人生以不素餐为乐,故劳,非谓人生之意义与价值唯在得食,故劳也。人者,有灵性、有德慧、有自由之至物也,物之至灵,穷于称赞,故曰至。故必充其刚健、纯粹、升进而不物化之本性,升进者,向上义。人生虽为具有形气之物,而其本性毕竟不物质化。复其天地万物一体之本然。语形,则吾人与天地万物各别;语性,则吾人与天地万物同体。故必有科学以明物察伦,儒者言明庶物,察人伦。察伦,即社会科学。明物,即自然科学。而后智周万物。吾人之智识必周通于万物,譬如人身百骸众窍互相贯通而无碍也。世之学者言科学之兴原于惊奇心与求真之欲,此犹未免于肤论。实则吾人之知性本无己与物之隔,故尽己性则尽物性,乃一体流通、自然不容已之几也。有哲学以发扬理性,有文学以宣达情思,而后浩然与天地精神往来。此中天地,犹云宇宙。吾人之精神即是宇宙精神,本来不二,而曰与之往来者,吾人每迷执形气之小我,便从绝对精神中坠退,而与宇宙隔离。今当复其一体流通之本然,故曰与之往来。有群性生活,荀卿曰:"民生在群。"合群而不容孤立者,人之性也。亦有个人自由等要求,人生不可无自由,亦天性也。故于政治经济等制度常有不安现状而力求改进之高尚理想。韩非废绝一切学术，又毁行修，行毁而失德，学绝而无智，是使人断灭灵性生活也，人之类不已绝乎？且夫智仁勇三达德者，人性固有之也。德之目虽析以三，而实万德皆备。言智，即神解与一切知识备焉；言仁，即义、礼、贞信、惠爱乃至真、善、美备焉；言勇，即雄健、悍锐、强力等备焉。三达德者，同体而异其方面，俱有而不可一无。今韩非去智与仁而唯力是尚，不智不仁之力，疯狂如凶豼猛兽，盲动如骤雨疾风，摧毁则玉石俱焚。哀哉人类！何所为而必出于斯乎？韩非尝言"冰炭不同器而久，寒暑不兼时而至"，以此成其不相容之论，此乃格物未周，操术不审之过也。夫甜酸异味而同器，朝餐不尽，晚餐而两味调和如故，岂非异味同气而可久乎？炷为因而生焰，炷者，以草浸油燃火则名炷。旧俗灯火用此。此言炷为焰因。焰复为因而烧炷，此言焰为炷因。因果异物而同时俱至，佛经每用此喻。此例不胜穷也。况寒暑不兼时之说，尤为笃论。大寒过而立春，谓三冬无暖气固不得，谓春后无寒气更不得。夏至，暑偏胜，而云无寒，非寒气全消也；冬至，寒偏胜，而云无暑，亦非暑全消也。员舆温带之区，绝少酷寒酷暑，则寒暑兼至者其常也。韩非云不相容之事不两立。火透釜而亲水，水盛釜而受火之热，水火相反而相容相抱矣，岂止两立乎？世界无量，众生无量，佛氏言之矣。物之不齐，物之情也，孟子庄生知之矣。智胜者竭其智，力强者尽其力。人之生也，禀受不齐，发展遂异，必欲万姓千名之智与力范以一型而齐之，此上帝所不能为。仲尼、墨翟、苏格拉底、亚里士多德、康德之伦，强之执末披甲，皆无所能为。任其独立当抒，则学统堪垂万世，行履足式天人。韩非虽欲绝圣弃智,若在今日,余命其身入瑶彝之乡亲尝滋味,将可忘圣智成己成物之功德否耶? 蛮民非不耕战也,而以视圣智裁成辅相之群,则耕战利钝之相去奚止天壤隔乎? 蛮民诚有朴质,然蛮俗崇尚之美行,其合于伦理者几何? 吾料韩非不愿效也。不有圣人行修之尊,群俗何由变动光明? 甚矣! 韩非之陋也。韩非又言"斩敌者受赏而高慈惠之行"云云,此以斩敌者为天下之至高,不应复高慈惠之行。其实人群以互相感而互进于善。赏斩敌之功,劝御侮也,而慈惠者有感则益切同仇。高慈惠之行以善俗也,而斩敌者有感,则慈惠于同受侵害之人,益坚杀身成仁之志。韩非只欲以重赏与高名鼓励人之好杀心,使其奋于斩首之功,而不悟人之勇于临敌斩首者,非尽诱于重赏高名而为之也。其慈惠同类之热诚激于不容已者,是人性本具之潜力也。韩非奖好杀而去慈惠,将退人类为猛兽,人类不互相噬以底于尽,不止也。韩非又讥世人大贵文学以疑法,韩非所谓文学,实兼今之所谓哲学、文学而通目之。凡政治社会等理想,彼亦属之文学范围。此凶顽之论也。政治经济诸法制,尝随人类知识之进步而疑其不均、不公、不适,以期改造而底于均公适,文学之可大贵者在此。今韩非必欲绝学去智,使人受束于独裁者之法,乃块然如土而无有疑,非凶顽之极者,何忍出此? 韩非谬论甚多,不及详破,学者深思明辩,勿受其愚。总之,韩非偏重国家而轻人民,故亦偏重群体而轻个人。商、管之法,韩非所祖述也,今为商管之学者,如不被甲执末即当刑其人、毁其学,甚至孔墨之圣、曾史之贤,如敢疑法,即为韩非所不容许。如是则个人自由剥夺尽净。夫群体者,个人之集也,"有形之类,大必起于小;行久之物,族必起于少",《喻老》篇。韩非既知之矣,今使群体组织过求严密,务将个人自由毁尽,则个人失其性,而群体能健全乎? 车轮者,众齿之集也。众齿有亏折,而车轮不敝者,未之有也。原于个人之尊严,本众意以制群法、和同而化、毋相悖害者,《春秋》太平之教也。是百世以俟而不惑,质诸鬼神而无疑也。韩非以独裁者制群法而侵损个人,则群体已失其自性,直是独裁者之玩具耳。吕政用其说,乃为害于群体,百世难复,岂不痛哉! 韩非之重国家而轻人民者,欲竭民力以事富强。国家富强而后霸王之业可图也。韩非直以国家为驱策人民用致富强、以伸张于域外而逞侵略雄图之工具。域外,谓异国异族。从来霸者为术皆如此,今之列强尤甚。故由彼言国家者,不祥物也,侵略者之利刃也。吾先圣则以国家为一文化团体,此意义甚深广大,非深究于六经四子者,无可与语也。非超越世俗之虑而怀人道之忧,又深达天人之故者,亦不可与谈胜义。呜乎微矣! 韩非志在用韩,愤重人专政,重人,权臣也。而图改革,故曰:"欲治其法而难变其故者,民乱不可几而治也。法与时转则治,治与世宜则有功。"《心度》篇。此亦精采之言,然终不悟民主,欲夺政权于重人之手而自为独裁。以暴易暴而加甚者,非算数所及也。圣人之为革也,《易》有《革》卦。求均而已,损彼之有余,益此之不足,均焉止矣。若此复求有余于彼,即彼向所遇此者,今还以遇彼而更过之,则人群终不可均也。圣人之治,极于万物得所,为万物普遍求均而已,是以变则通、通则可久可大也。韩非异于是,其箝束生民也已甚。三晋文化深远,宜非其民所乐受。韩非终不得政于韩而为秦戮,哀哉! 向使韩非有管仲之识量,持术明法而兼综儒者之道,毋以极权之论毁坏一切,则韩政可得而全晋可复，天下不足定也，何忧乎秦？独惜韩非主极权而持一孔政策，遂资吕政而遗害无穷，可胜悼哉！夫古今人情不甚相远，独裁之风，今未已也。唯利用科学而技术日进，政制群法各方面组织加密，要其大体不能有过于韩非。夫独裁得助于科学，而万物为刍狗，水益深、火益热矣。科学非害也，人类知见失其正，则亦可资科学以济其恶矣。夫正知正见者多，则大盗盗众不易也。知见何由而正哉？析物以穷其始，万物之本始。综事以观其通，宇宙万事各依其类而通之，至于会众类而观其大通则一也。庄生云"恢诡谲怪，道通为一"是也。穷理而究其极，极者，万理之会归。察变则上下古今而操其衡量，实践则反之人伦日用而归诸素朴，智周而不滞于物，理之至者，本不遗于物，而实不滞于物。但陷于知识窠臼者则不能无滞也。唯明智湛然，则于物得理，而未尝滞于物象，以为理即限于此物，故尝烛于微而会其通也。此义难为世之学者言。思睿而无累其神，睿者，明照自然。离习染，去妄执，故神全。是以动顺物宜，事循天理，何有知见偏诐之患欤？是道也，其必由哲学乎！尤莫切于儒学乎！毁科学，不可也；科学万能，亦不可也。熊先生此论可谓明且允。韩非古之怪杰也，惜其偏见过甚，虽尝治儒学而实不知儒也，不知故大毁之，乃挟偏见以祸世而不自觉也。或问："熊先生言大盗盗众，何耶？"曰：以近世事言之。威势可以劫众而不可以盗众，袁氏是也。威势而佐以党义宣传，使群众归心，而实假以济私，是谓盗众。然盗之久，终无不败者。又如名流盗虚声，当其收效时，亦是盗众。然决不可久。故盗众甚无谓。或问："熊先生谓吕政用韩非说，有征乎？"曰：有。《史记·秦始皇本纪》：二十六年，秦并天下。三十四年，丞相李斯言："'今天下已定，法令出一。百姓当家则力农工,士则学习法令辟禁。非博士官所职,天下敢有藏《诗》《书》、百家语者,悉诣守尉杂烧之。有敢偶语、诗书,弃市。偶语、诗书,系两事。偶语,两人以上私语也。诗书,谓匿藏《诗》《书》又百家语也。文省耳。以古非今者族。吏见知不举者与同罪。所不去者,医药、卜筮、种树之书。若有欲学法令,以吏为师。'制曰:'可。'"据此,明用《五蠹》篇之说也。吕政盖早已禁学,直至三十四年始以制令垂为永久不易之成法。李斯首言"天下已定,士则学习法令辟禁",可知六国既并,只许人民学法习令,不得从事《诗》《书》及百家语也。至此定为成法,虽李斯倡言之,只是形式耳,吕政早已内自决定也。此吕政用韩非说之明证。后人多谓秦焚书只焚民间私藏者,其博士官所职并未焚。此亦臆测之辞。恐当时博士官所职亦只是医药卜筮种树之书,故举以示天下为准则也。诸子哲学及天文、算数、物理、音乐、机械等学,总称百家语,一切焚烧尽净。韩非禁学之主张如此,吕政读其书而喜之亦以此。

韩非之说用于吕政,流毒甚远。董子、史公在汉初皆欲矫其弊。董子作《春秋繁露》,张《公羊》义,以阐发民主思想。史公为《史记》,亦称《公羊》,并鉴于韩非毁百家语而集矢儒侠为最甚,于是尊孔子以世家,立仲尼弟子列传,孟子、荀卿皆有传,定孔子为一尊,示儒家为正统,与董子主张同也。王介甫谓仲尼之道,世天下可也,奚止世其家? 此不思之甚。史公立孔子世家,即仿《春秋》王鲁之意,非谓其以一家之学传业也,实乃世天下也。又以游侠立传,首引韩子"儒以文乱法,言儒者以文学而敢非毁世主之法,故云乱法。《正义》诸注皆误解。而侠以武犯禁",言侠者以强武敢违犯世主之禁。此及上语，见《五蠹》篇。皆与独裁不相容。又曰"窃钩者诛，窃国者侯"，言人民为盗则诛，是小盗也，故受诛。而大盗窃国乃为侯王。此史公引《庄子》语。所以攻击独裁之帝王。又曰："自秦以前，匹夫之侠湮灭不见，余甚恨之。"可见史公奖游侠之意，所以振民德、昌民气、扶民力，将使霸者刍狗万物之技有所惮而不敢逞。又以项羽列本纪，陈涉列世家，以匹夫而抗暴秦、行革命之事，虽功业未就，而其志行足与殷周圣帝明王争烈矣。伯夷行修孤峻，弃君位如敝屣，故列传首之。管、晏原本儒家，而开法术之宗，孔子虽病其器小，不谓其学术全非也。管、晏之为法，未戾于儒，亦足以周世变。申、韩以险谲为术，专横为法，是管、晏所必诛也。史公传管、晏而次之伯夷，其识量宏远哉！熊先生曰：《史记》用意，皆惩暴秦之弊，纠韩非之谬。二三千年来学者都作故事与文辞玩弄去，甚至议其传游侠、货殖为挟怨于武帝。哀哉！秦以后，中国遂无学术、无思想，虽韩非、吕政之遗毒，而汉以来经师、文士之鄙陋，亦不可道也。言之丑也。哀哉！

附识：今本《韩非子》，近人多疑其不可靠。如第六篇《有度》，于荆齐燕魏四国皆云以亡。韩非死时，六国尚未亡，齐亡最后，距韩非之死已十二年，可见《有度》篇不出韩非手。熊先生谓疑者误。齐亡最后，其距韩非死时只十二年，亦甚暂耳。智者之觇人国也，睹其亡形已著，则直罪之曰以亡，以者用也，用之以亡也。韩非《难势》篇言"势乱不可治"，则势亡不可存也。韩非审察群变，其眼光锐利无匹，直从四国之亡势已成而罪之曰以亡，又何疑乎？奚必待毁其宗庙、迁其重器,始谓之亡耶? 故《有度》篇必出韩非无疑。

《解老》《喻老》《主道》《扬权》《孤愤》《说难》《说林》《内外储》诸篇,今人或疑非韩非作。此殆由今人以怀疑古书为能事耳。余按韩非思想之全体系以求之,未见上述诸篇有甚矛楯处。唯《大体》篇有"不以智累心,不以私累己",及"不逆天理,不伤情性,不吹毛而求小疵"等语,确非韩非境界,或杂引道家语,或由其聪明偶悟而侈言之。然此篇主旨在"不引绳之外,不推绳之内"云云,必出韩非手笔无疑。《饬令》篇多引商君。古人著述不以引前辈为嫌,如孔子六经皆因旧籍而寓以己之新意,此最著之例也。但此篇似有脱文。

《初见秦》篇,《战国策》作张仪说,自当以《策》为据。不知何人移入韩书之首? 篇中指陈时事,与韩非所当之境已不合。韩非蓄抗秦之志,何至为秦画攻韩之策乎?《史记》言秦王读《韩非》书,恨不得见,闻李斯言"此韩非之所著书",因急攻韩。韩王始不用,及急,乃使韩非使秦。韩非劝秦存韩,遂以此致死。可见韩非前未入秦,亦决无以攻韩献媚敌国之事。故此篇当据《国策》。此篇以外,都无可疑。今之后生好疑古书,辄曰"文字不类"。其实审核文字谈何容易? 非天资高、学养深者,不得有眼力,今人何可谈此事? 又复应知,一人之书,其文字每前后有不一致者,义深博而术精严,术谓逻辑。辞锋悍利,此等处在一卷中不能常有。何则? 文思本于精力,发于兴会。人生乱世,精力裕时少,兴会短时多,故一人之文每有不类也。然作者之思路与神情自有特点,如有其统一之人格在者然,其文字虽不一致,而识者不难鉴别其出于一手。又梁启超谓《太史公自序》有"韩非囚秦,《说难》《孤愤》",与《韩非传》所记者颇相远。此由其作自序时,取声韵谐协,故不妨颠倒事实,不可据序文以疑传记也。且序文亦不须泥解,史公以为古人虽遭困厄而有述作可传,明己受祸不可无作也。启超必咬文嚼字去索解,亦自误。

《史记·韩长孺列传》云:韩安国尝受《韩子》、杂家说于驺田生所。此但以《韩子》与杂家说并提,非谓韩子是杂家也。今或疑韩子属杂家便大误。凡古今大思想家,必于其前世及并时之学术思想多所精究与涉猎,及其自家思想成熟而有述作时,亦必于其平生所取舍者形诸文字。至其为杂家与否,则视其书之内容,是否自有根据、自有主宰、自成体系。是否至此为句。吾未见韩书可目以杂家也。

与友人论张江陵

题　记

　　《与友人论张江陵》作于 1950 年夏秋，并于是年冬自印行世。此即据该版本点校。

卷 头 增 语

　　此小册子本是与友人傅治芗岳棻谭张江陵之一封信。初无意求多，而写来不觉曼衍，遂题曰《与友人论张江陵》。治芗尝恨《明史》不为江陵立专传，而附见于华亭、新郑间，又集谤语以诬之，缺史识，败史德，莫甚于斯矣。余故与治芗同此恨，但于江陵之学术与政策向无意考辨。明代以来，皆谓江陵为法家思想。其治尚武健严酷，禁理学，毁书院，令天下郡国学宫减诸生名额，毋得聚游谈不根之士。世儒皆诋其诵法商鞅、秦孝、申不害、韩非、吕政辈，群恶而贱之。明季王顾诸大儒亦耻之而莫肯道。其见绝于当时后世者，若斯之甚也。治芗以江陵在明世扶倾危，救亡灭，有非常功，顾久掩而弗彰，欲为作传。邦人亦多怂恿之。余今夏在京市见鬻残书者，中有《江陵集》，购归一读，窃叹江陵湮没五百年，非江陵之不幸，实中国之不幸也。今当考辨者：

　　一、江陵学术宗本在儒，而深于佛，资于道与法，以成一家之学。虽有采于法，而根底与法家迥异。向来称为法家者，大误。

二、以佛家大雄无畏粉碎虚空，荡灭众生无始时来一切迷妄、拔出生死海，如斯出世精神转成儒家经世精神。自佛法东来，传宣之业莫大于玄奘，而吸受佛氏精神，见诸实用，则江陵为盛。

三、中国自吕政以来二三千年帝制之局，社会上显分为上下两阶层。下层即贫苦小民，古亦谓之下民。全国最大多数农民及工人、小商业者皆是。向所谓四民中之士，亦属于此。士大夫一词为官僚之称，四民中之士则小民也。上层者，皇帝专政之一种制度固定不摇，虽居帝位者可以易姓，而帝制则恒不易，故皇帝与其大臣之地位为统治阶层。而凡依托于统治层之权力以侵削小民而坐享富利、称豪宗巨室者，亦当属之统治层。豪宗巨室即贪污官吏或大地主、大商人之类，同依藉统治层之政治力量以侵渔小民而致富盛者是也。豪宗巨室虽有时衰落，难划为一定阶级，然当其盛时要皆依藉统治层之势力，故当属于统治层。吕政以后二三千年之政治，常拥护统治层利益而侵苦小民。虽四代盛时，四代，汉唐宋明。朝局较清明，以吏治为急，以扰民为戒，然豪强兼并自若，官吏之陋规未尝绝也。独江陵当国，以庇佑贫苦小民为政本，而一切法令皆以裁抑统治层，使之不敢肆。天下郡国豪强兼并之患与官吏贪侈者，固其所严厉锄治，即皇帝之一举一动亦不许逾于法外。修一宫殿，必经查考，如无甚损坏，必令停工。皇太后无名之赏赐均须禁绝，甚至后宫铺垫费亦须严核。国家财用一点一滴不容浪费，倘有侵渔，便处极刑。自皇帝至于百执事同受治于法，无敢淫侈贪横，肆于民上者。二三千年间政治家,真有社会主义之精神而以法令裁抑统治层、庇佑天下贫民者,江陵一人而已。

四、汉以来之政风,不外贿赂与姑息。江陵谓贿政犹可以严法治之,姑息最难治。姑息之政,唯利于统治层之贪人败类,而小民常受其毒,无可自振拔。此事说来似平常,实则非有宏识深虑、精研《二十五史》而真知中夏式微之故者,即不解姑息一词有若何严重意义也。综事析理,谈何容易乎?肤解之病,甚于不解。焉得深心人共喻斯意?江陵力矫姑息。如此大国,政务殷繁,何止一日二日万几。江陵躬自整肃,而持法以严绳天下臣民,使之趋事赴功,不敢一息偷怠。边区种树事,在江陵未专政前,边帅皆以空文朦混。及任元辅,乃不惜为此细务仗钺巡边。细者如此严核,大者何容延误?至其整饬吏治,则以治军之法治吏,使贪人绝迹,而柔猾者毋敢不以功效自见。盖非武健严酷,即无以断绝二千余年姑息之敝习。江陵筹之已熟也。姑息之风徇私而害公,江陵矫之以急公而去私。任事不辞劳怨,惩恶不避亲贵。令下如惊雷迅电,发聋震瞆。趋事者如三军应敌,凛然恐后。所以当国九年,遂收四海清晏、四夷归附之效,岂偶然哉?

余于江陵政绩多未详究,兹与治芗论者,举大要而已。惟孤怀有未惬于江陵者,彼恶理学家空疏,遂禁讲学,毁书院,甚至赞同吕政、元人毁灭文化,矫枉不嫌过直。虽理学家有以激之,要是江陵见地上根本错误。学术思想,政府可以提倡一种主流,而不可阻遏学术界自由研究、独立创造之风气。否则学术思想锢蔽,而政治社会制度何由发展日新?江陵身没法毁,可见政改而不兴学校之教,新政终无基也。毛公恢宏旧学,主张评判接受,足纠江陵之失矣。虽然，江陵丁否塞之运，得政日浅，蓄怨者众。江陵体力早衰，年五十八而卒。而当时宇内学人实无可为助者，虽欲导扬学术，其势固已不遑。是当论其世也。治艺精《史记》，诗、古文辞追古作者。少襄南皮张公幕，雅负时望。入民国，曾赞中枢，长教部。五四运动，维护北庠，用心深远。今之能言其事者已鲜矣。惟幸耆年夙学，抱膝穷庐，抗怀上哲，固穷遗俗虑，晏坐多奇怀，料终必成《江陵传》，了其夙愿。余此册不足流传，而二三君子顾谓于江陵之精神，与学与政，俱有阐明，不容失坠。相与节省日用，集资印二百部，以便保存，非敢公之于世。故记其颠末于卷首，题以增语。此词借用佛典，而不必符其本义云。

庚寅仲秋熊十力识于北京西城大觉胡同空不空斋

与友人论张江陵

《张江陵集》，吾年二十左右浏览及之而已。昨过西城沟沿，见有摊贩卖古书与小商家，中有《江陵集》，遂出价购归。展读一过，大有感摄。兹略述所触，为若干条。时有文不相贯、义各孤立者。心绪恶劣，不及为专著。闲居无事，聊以就正。

江陵《杂著》中，推尊吕政，谓其举周代之文制，<small>文制，谓学术与制度等</small>。一切大划除之，为混沌之一凿。且云扶苏如不死，必崇儒学以乱天下。此真偏见耳。自春秋以降，列强竞争日益剧烈。竞争甚则霸道兴。霸者图功利，尚诈力。其始兴也，犹未甚戾于仁义礼信。其渐炽也，则唯斗诈斗力，贪功攘利而已矣。斗诈斗力、贪功攘利之风愈趋愈下，必成乎穷凶极恶。申、商、韩非之徒出于战国，其创说皆毁道德，毁人性，毁学术，锢思想，荡灭文物。祸极于吕政，集申、商、韩之大成，而乾坤几乎熄矣。吕政之毁灭一切，是使宇宙归于混沌。混沌者，蒙暗冥昧也。而江陵乃谓其

99

凿混沌,何其辞之淫且诐哉！秦政夷六国,仅十五年而亡。继之者汉,而能使天下得安息者,则崇儒之效也。使扶苏不死,则秦祚何由遽绝哉？

江陵又谓,宋之文明与先王之礼制,经元人一举荡灭,复为混沌之一凿。此尤谬论。自五胡惨祸,及唐而太宗始大振。太宗没后,遂为藩镇乱局。藩镇多凶人,五季昏扰,又胡尘也。两宋诸儒崛起,一方面从长期戎俗中使夏人自拔于浊乱凶残之习,而知人道之尊严与礼义之可贵;一方面排斥印度佛教,而阐述尧舜至孔孟之道术,始知中夏固有高尚文化,根底深厚,庶几独立不挠。两宋文明,何堪菲薄？宋人失在委靡,亦承五季颓流使然。未可曰宋之文明概不足尚也。元起漠北,震撼欧亚。神州正朔僻在杭州一隅,宜不足自存。然未及百年,明祖首据江浙,以光复旧物。其地则理学渐渍之地也,其人鲜不为理学之徒也。元人并未能摧毁宋代文化,江陵毋乃虚张太甚。昔者孔子曰:"齐一变,至于鲁;鲁一变,至于道。"夫敦德礼仁义之化,而行刚明严肃之政,创制立法,顺人民之公欲,群俗于是太和,谓鲁变可以至道者此也。存宋代文明之长,而革其委靡之弊,庶乎为而不恃,作而不宰,衣养万物而不为主。胡为不辨短长而以一切荡灭为快乎？

江陵学术宗本在儒,而融摄佛老及法,以成其一家之学。《五台大宝塔寺记》云:"乃有不言而信,不令而行,以慈阴妙云,覆涅槃海,饶益群生,则大雄氏其人也。其教以空为宗,以慈为用,以一性圆明、空不空为如来藏。即其说不可知,然以神力总持法界,涝潊沉沦,阐幽理,资明功,亦神道设教者所不可废也。"又曰:"本其要归,惟于一心。心之为域,无有分界,无有际量。其所作功德,亦不住于有相,不可思议。故曰:洗劫有尽,而此心无尽。恒河沙有量,而此心无量。"《慈寿寺碑文》。

详江陵此段文字,深得佛家大旨。今择要略释。以空为宗何耶? 空之为言,对破有执。执者,执著。佛家千言万语,归于破执。此执字含义甚深,兹不及详。然学者当反己理会。云何名有? 凡夫情见,迷妄之见曰情见。谓天是天,谓地是地,谓人是人,谓我是我,谓物是物。于一切法皆见为有,法者,万有之通名。即于此起执,曰有执。由执有故,不悟真理。易言之,即不识宇宙实相。此言宇宙,即包括人生在内。不识宇宙实相即是不识人生真性。学者宜知。诸佛菩萨愍众生迷妄,故说空理以破有执。天非实天,地非实地,人非实人,我非实我,物非实物。凡此万有,犹如梦幻,犹如泡影,如露如电,应作是观。《大般若经》宏阐空义,渊哉法海,无量无边。法海之法,谓佛氏所说空理。前注法字为万有之通名者,与此处不同。海者取喻海洋,形容理趣广大。凡愚闻空,倘怖而不信,吾且就近处征诘。如汝现前桌子见是实有。科学家解析只是一堆原子电子,而桌子相其实皆空。又进而波动说出,原子电子都无实质。无实质故,亦即是空。质既空已,将复何有? 归原于能。能者能力。然衡以佛法,于彼能力亦复不可作实有想。以此能力犹是意想起兹假诠。诠者诠释。所释不必符其实,故云假诠。易言之,犹是主观对自然作如是图摹。此与宇宙实相决不相应,学者宜知。如意想火,火不烧意,意想所变火相与外实火相终不相应故。此中实火相乃随世俗假说。若谈真理,火固非实。是故宇宙万有皆本来空,非意之也。言万有本来是空,并非故意作空想也。凡情堕于有执,迷妄无边,如蚕作

101

茧,如蛛造网,即依自所造作计为无量世界,而自缚其中。哀此群愚,何由解脱。佛家浩浩三藏,毕竟明空。诸有智者,应当超悟。然空者,空迷妄相,非无实相。夫实相者,离心缘相,缘者,思虑义。谓实相非吾心思虑所及也。离言说相,离文字相,离一切相,离吾人妄想所执一切相也。有无相相,无相相者,无彼妄相所执诸相,而有本来自相,恒自如故,是谓无相之相。此无相相乃真实有,故曰有无相相。是为实相。穷理至此,夐然绝待,深矣微矣,无得而称矣。江陵殆有契于斯乎?

云何以慈为用?佛说法要,惟在大慈大悲。其分析慈悲二相曰:大悲拔众生苦,大慈予众生乐。江陵独举慈为言,而悲在其中矣。凡情执有,于是分人我或物我相,因而起贪、起嗔、起痴,是谓三毒,为万恶本。佛氏愍众生颠倒,故说空义,除彼有执。除者除去。倘复误计一切皆空,将如此土庄生欲树之于无何有之乡、广漠之野,栖神于莽荡空虚之域。以是为逍遥游,是大乘所谓恶取空。取者,执着义。执着空故,便非正见,故云恶取。舍离众生,无万物同体之爱,成大不仁。灭情毁性,生命绝矣。悲夫!悲夫!今夫圣人之心,不系而有寄。不系者,无私欲故,无惑染故。有寄者,与万物同体故,与斯人同忧患故。圣人之行,无作而有功。无作者,不以私意宰物故。有功者,辅万物之自然故。恶取空者,不仁,失所寄矣。孟子曰:"仁,人之安宅也。"遗物,丧其功矣。耽空之害,一至此极,可不戒欤?远西有虚无论者,亦是此流。唯诸佛以大慈大悲摄众生为一体,誓愿度尽、断苦、得乐。众生无量,慈悲无量。众生无尽,慈悲无尽。有一众生不得度,则我不成佛。我不入地狱,谁入地狱。大雄无畏,是慈悲力。譬如弱女,一旦抱子,见火焚

来，逾墙以避，一跃而过。慈故能勇，诸佛亦尔。夫空诸迷妄，兴
大慈悲者，是诸佛法髓也。慈悲犹儒之仁，证空即儒之智。观其
会通，何儒何佛？孟轲故云："道一而已。"

以一性圆明空不空为如来藏，何耶？宇宙实相，宇宙者，万有
之总称。实相犹云实体。详《成论记》等。他处用此词者准知。就吾人分上
言之，则名曰性。此性无对，故云一。一者，绝对义，非算数之一也。
明者，谓此性体灵明无碍，为一切知之原。圆者圆满，无有亏欠。
《易》之《乾》曰大明，犹此云圆明也。空者，谓性体本无迷妄，说
之为空。不空者，谓性体备万德故，复说不空。如来有多义，举
要而言，无所从来曰如来，谓此性体不可诘所从来故。藏者，含
藏义。备万德，含万有，故曰藏也。即此圆明性体是吾人禀之以
有生，故曰性；是吾身之主宰，亦曰心。故如来藏亦得为本心之
名。此约《楞伽经》及宗门之旨而作解，取浅近易晓。

江陵谈佛法者，只五台慈寿两寺碑文中数语，别无所见。然
此数语确总括佛氏大旨，甚为的当，既非抄袭陈言，亦非影响谈。
吾故逐句为之演释如上。好学者深思而自得之，便已别是一般
境地。

江陵于道家亦得其宗要，其献世宗《得道长生颂》有曰："夫
道，包络宇宙，涝漉群生。恢之，弥形想之外。总之，会太乙之
先。是万物之始，经纬之纪也。圣人者，本始，以知万物之源。
治纪，以知经纬之端。故虚愉恬靖，湛然守一，知常袭明，渊乎莫
得而窥焉。以此养生，则抱一含虚，摄有归真，与天地同其悠久
矣。以此治天下，则执简握机，因应随化，使知者效其画，材者毕
其能，而明主不劳而功成矣。"以上可参看王弼《老子注》。又曰："盖

道宰数,而数难穷道。"《万寿无疆颂》。愚按,精于数理者,其于道之散著,宇宙万象,皆是道之散著。可以推析而得其则。然道体无形无象,唯可脱然证悟,要不可执数以推之也。江陵神解,可谓卓哉。

自昔称江陵为法家,谓其学出于申、商、韩,此不深考之过也。江陵之学毕竟归本儒家,融会于佛者较深,资于老者少,取于商、韩者更少。

申、商、韩之徒惨酷寡恩,其所执持者,与儒家根本不相容。《商君》《韩非》书尚存,可考见也。诸葛武侯融通道、法而绝不非儒,观其《戒甥书》有曰:"使庶几之志,揭然有所存,恻然有所感。"《论语》:"君子无终食之间违仁,造次必于是,颠沛必于是。"揭然有存,其会心于斯乎? 孟子言:"恻隐之心,仁之端也。"又美齐宣王不忍杀牛之念,谓推此心足以保四海。恻然有感,不亦孟氏之心印欤? 然则谓武侯深于儒可也。世第以道、法称之,岂为真知武侯者哉? 夫江陵毁书院,禁理学,明代以来皆以法家目江陵。其实江陵服膺儒术,如置之《儒行》篇十五儒中,可谓博大君子哉。武侯而外,罕有其匹也。余尝谓汉以后号法家者,如武侯、江陵,皆古之大儒。武侯遗文少,无可详征。江陵《义命说》有曰:"昔者夫子盖罕言命,至于义,则谆谆而不已也。何则? 造化之数,阴阳之变,运之所遭,气之所遭,有不可以常理测者。"又曰"命不可必,可必者义也。命之所在,虽圣人有所不能违。义之所在,虽造物者有所不可夺"云云。此真纯儒之言。其对策有曰:"古瑰伟奇特之士,树鸿业于当时,垂鸿称于后世者,岂独其才之过人哉? 盖尤系于养矣。养有浅深,则其才有纯驳。才有纯驳，则其建立有巨细。才得于天者也，养由于人者也。才欲恢、欲宏、欲奇、欲隽，养欲微、欲深、欲精、欲奥。两者若相反焉，然微深精奥者，所以为恢宏奇隽也。故古之善养才者，不恃其得天之异，而勉其修己之纯。阚如虓虎，不敢以言勇，惧其刚之易摧也。铦如镆邪，不敢以言利，惧其锋之易折也。神若蓍蔡，不敢以言智，惧其算之易穷也。力若九牛，不敢以言任，惧其趋之易踬也。炼之至精而敛之至密，韬之至深而蓄之至厚。夫然后其神凝，其气专，发之不可御，索之不可穷矣。中略。今夫两间清淑之气丽于形象，在天为星辰，在地为河岳，在山石为宝玉，在飞走为麟凤，在人则为英雄豪杰。是英雄豪杰者，固均之二气之间钟，人伦之首出者也。然有辨焉。刘孔才云：'聪明秀出谓之英，胆力过人谓之雄。有英而不雄者，有雄而不英者。智勇并异，则英雄兼焉。'《淮南解》曰：'才过千人谓之豪，万人谓之杰。'此英雄豪杰之辨也。总之，皆以其智力绝殊，不可以寻常尺度论耳。自古迄今，所以树立人纪，纲维世运，决大疑，排大难，建大功，立大节，必此四人者为之。四人，谓英、雄、豪、杰。然而品格异焉，不可不察也。中略。上焉者，智周万物，而不自用其明；勇盖万夫，而不自任其力；随事而应，弗胶于成心；循理而行，弗牵于功利。朕兆未萌，法象未著，渊然独虑而百姓莫见其迹。不世之功，永世之泽，蓦然丕建而百姓莫知其然。天下所谓智者勇者，举莫得而望焉。此朱子所谓真正英雄豪杰而圣贤者也，品之上也。"中略。又曰："细节多疏，则不能无负俗之累。气质偏胜，则不能无瑕类之行。"中略。又曰："必也，其大禹乎！凿龙门，排伊阙，别九州，宅四隩，绩固伟矣。然且不矜不伐，而莫与争功，愚夫愚妇而凛若胜予。彼视地平天成，于吾身何有轻重也。其周公乎！除凶残，驱虎豹，立纲纪，陈礼乐，功莫大焉。然且吐哺握发，下白屋之士；不骄不吝，履赤舄之安。彼视胜殷遏刘，于吾心何有加损也。按刘者，杀也。殷纣残暴，周公助武王战胜之，而以礼导天下于太和，遏绝杀戮之萌。其孔子乎！学殚累世而不以智闻，力抉门关而不以勇闻，在乡党而恂恂，居朝廷而唯谨，固俨然儒者也。及其劫莱兵，反郓谨，堕三都，诛正卯，即慷慨奇节之士，决眦奋臂，极力而不能办者，乃不动声色，徐引而振之。既振，油然而退，无矜容，无盛气。此岂世之君子所可与量尺寸哉？盖此三圣人者，受之于天，既皆得夫浑沦磅礴之气，修之于己，又皆懋夫沉潜纯粹之学。其所基者密而宥，而所蓄者完而固也。故能决大疑，排大难，建大功，立大节，纡徐委蛇而不见其作为之迹。嗟夫，非天下之至圣，其孰能与于此哉！故朱子谓真正英雄皆自战兢中来，而圣贤豪杰唯此三圣人足以当之，信不诬矣。然则世之君子，受天地特厚之生，而有志于三圣人之事者，顾可不慎所养乎？养之之道，无欲其本也，慎动其要也。析义穷理，沉几察微，莹乎若夜光之内朗，洞乎若止水之独鉴，所以养智也。抑其强阳，销其客气，深乎若强弩之握机，韬乎若宝剑之敛锷，所以养勇也。尸居而龙见，渊默而雷声，圣人之事也。即史册所载，瑰伟奇特之士，犹将姑舍是焉，而况其下者乎？”下略。

　　如上所述，江陵养才之论宏廓深远，真儒家精神也。余推此篇之宏旨，略言以三，皆法家所不得而悟者。一曰，尊三大圣人以树修养之标的者，以其无己也。圣人之德用同乎天地。天地之于万物也，覆之载之，含之育之，而天地未尝自有其功，盖曰万物与我为一耳。万物亦复忘怀于天地,盖曰天地与我并生耳。此造化之极则也。圣人德用同天地,故万国群伦各得自遂。禹视地平天成之绩,若于己无与也。周公视胜殷遏刘之烈,若于己无与也。孔子学集大成,当世已有既圣之誉,而犹于己无与也。是非脱然忘己而无宰制群伦之私者,其能若是乎? 夫有过人之才者,若养之以圣人无己之学,则万国咸宁之效可立致也。江陵上称圣人,可谓深得儒家精神。法家如商鞅、秦孝、吕政之徒,有如释氏所云,恃己高举,以刍狗万物,庄生所谓使天下皆游于羿之彀中是也,其自绝于圣人不待言。江陵根本宗儒而不偏任法,于此可得一证。二曰,法家不尚贤。使人失其依藉,则圣智可屈于愚不肖,而不见有异能。使人人块然,循法而动,则愚不肖皆与圣智同功。法家如韩非之书论此者不一。而江陵乃以树立人纪,纲翊世运,决大疑,排大难,建大功,立大节,必归之圣贤豪杰。此其宗儒之又一证。<small>儒者言群龙无首,是万物平等义,是物各自生自主义。而又尊圣人,何耶? 此一问题极广大,吾于此不暇论。</small>三曰,法家以人有争生存之欲也,而奖生产与战斗。商、韩皆欲并民力于耕战,<small>耕即生产之事。</small>是利人之有欲而驱之也。今江陵论养才,则曰无欲其本也。盖昔者孔子有曰:"枨也欲,焉得刚?"孟子亦曰:"养心莫善于寡欲。"江陵言人之自养其才必以无欲为本,其义实本之孔孟。夫欲之为物,阳明王子所谓"顺躯壳起念"者是也。顺躯壳起念,必将一切徇私而背公,纵情而害理。<small>情不必恶,纵乃成恶。</small>人如有成才之资,而不能克欲,则占有冲动过胜,<small>自饮食男女乃至地位与权力之争,皆属占有冲动。</small>而灵性生活受损害,甚至剥丧殆尽。满腔子秽恶,断无析义穷理之可能。如此,则中才之资坠而为不才,中才以上之资亦溺于流俗而无有成就。若夫商鞅、吕政辈,在政治上有特殊天才,惜乎未能去欲,而恃其血气盛、意志强、野心大,运其黠慧阴谋,沉几以伺天下之变,藏谲以窥万物之情。利用随宜,操纵在我。适乘当世列强衰敝之运,故其力可以扫荡千古遗迹,其势可以鞭笞六合群黎。唐虞三代之局,至秦突变,虽曰天下大势之所趋,岂非人力哉? 如此异才,倘以无欲正其本,充养纯粹,释私意以行于大道之公,去淫情而顺民彝之理,淫,谓情之偏激。大仁大智大勇备于一心,则其一切大机大用必皆出之以正,而造福于人天者,不可称量已。故江陵主无欲,确是儒家血脉。余观江陵此篇实是自述志事。其一生作人与建业根基,端在于此。其后《与吴尧山书》云:"二十年前曾有一弘愿,愿以其身为蓐荐,使人寝处其上,溲溺之,垢秽之,吾无间焉。有欲割取吾耳鼻,我亦欢喜施与,况诋毁而已乎?"此虽稍近释子语,然其根于孔门求仁之旨,确尔无疑也。江陵盖宗主儒家,兼综佛、道与法术。其学广博,未尝守一先生之言。唯其政治上本儒家公诚之精神,而运以法家严综核之作用。明世理学者流乃以法家诋毁之,后人又罕能究其学,是可惜也。

问曰:"江陵病周代文胜之弊,而称快于吕政之大毁灭。病宋世儒风文弱,而称快于元人之大毁灭。夫以毁灭前代文化为快者,是商鞅、韩非、吕政、李斯之徒也,非儒者之志也。"答曰:江陵忿嫉当时理学家不解事,遗物理,离民众,故欲匡正儒学末流而不惜为过激之言耳。夫秦以后二千数百年间,儒学名存而实亡久矣,诸子百家俱废绝矣。汉唐经师考据之业,于儒学精神不相涉也。宋儒振之以理学,严于治心而疏于格物,不悟心物非

二片也。遗物而徒事于心，则心失其活泼流通之用，是死心者
也。且养心之功，孟氏言之尽矣。曰必有事焉，曰勿忘勿助，曰
养浩然之气，曰明于庶物，察于人伦，曰以不忍人之心行不忍人
之政，曰好色，与民同之，不使天下有怨女旷夫也，曰好货，与民
同之，必禁垄断也，必使天下人皆有恒产以养恒心也，曰与民同
好恶也。是岂遗事物、远民群而孤事于心者乎？宋儒宗孟而变
其质，杂于禅老而多得二氏之似，不必存儒之真也。虽其学不尽
可非，究未免拘碍偏枯，末流更不胜其弊。至明中叶，阳明起而
救其支离。大本虽立，规模虽具，_{阳明活泼有用}。而后学不堪继
述。谈本体者近狂禅，谈工夫者或未免乡愿一路。至其空疏无
实，执意见而不通事理，则两派所同也。江陵当理学末流之弊，
已觉生心害政，岌岌不可终日，常凛宋人亡国之惧，故对宋明文
化有改造之思焉。其幽居深念，而伤时人之莫喻，是以发愤而托
词于元人之大毁灭也。

其称快于吕政之毁灭晚周文化者，则以宋学上继儒家之统，
而周代文化其根底在儒学也。又以晚周委靡，亦是儒学流弊，故
以吕政之大毁灭为快。盖由恶宋明儒学而波及之也。夫以文弱
议周，本不自江陵始，汉人已有千岁衰周之叹。余以为，此等谬
论，实缘秦以下只以帝室一姓代表国家民族，故论事不能无误。
夫论周代盛衰者，当着眼于诸夏列国之社会、政治、学术与文化
等方面，及四裔与诸夏之关系，然后可衡论中国当姬周之世为盛
为衰。不可以东周徒存王号，遂以王朝文弱为尔时中国之文弱
也。汉人生息于帝制下，许多奴习中于其思想，说古事多谬，此
特其一端耳。江陵习而不察，可谓智者千虑之失也。周室东迁

后,诸夏列强其政治与社会组织甚多良法美意。今虽难考,而就《周官经》与《管子》书观之,其为后世制法,极宏深精密,必有春秋时列国制度足供其参考与推演,此可断言者。即在《国语》《左传》等古籍,亦间有可考。亭林《日知录》赞美古地方制度,极言治起于下,足征民治基础。春秋列强,盖树立甚早。迄入战国,群雄互谋兼并,强者并民力于耕战,务逞侵略,弱者则民贫国瘁,徒为鱼肉。读孟子之书,言民救死恐不赡,而知六国民力尽矣。读商君之书,束缚无不至,而知秦之民无自由,虽骤收控御之效,而民质亦自此耗矣。余尝言,中国民治之基立于春秋,坏于战国中叶,至商鞅、秦孝以及吕政,遂扫地以尽也。孟子所以恶霸,为其开人类毁灭之端也。

周代学术思想,儒家最古。自尧、舜、禹、汤以迄文王、周公,无间传来,久为正统,至孔子集大成。而七十子后学各分宗派。韩非八儒,但就三晋流行者言耳,其为韩非所未悉者,犹当不少。至于天才之彦、作者之英,承孔氏之流风卓然兴起、各自成宗者,则有墨、道、名、法、农诸子哲学及百科知识如天文、数学、地理、工程、医药、机械、音律各种学术,所谓百家之业是也。又指南针非明于电磁者不能作,古代对于物理已有研究。春秋战国之交,可谓十日竞耀于中天,万川奔流于大海。甚盛哉! 晚周一大智炬时代也。自商鞅专并民力于耕战,始昌言弃道德、废学术,而见用于秦孝。韩非主张以吏为师,欲禁绝儒学及诸子百家,而吕政复用其说。自兹以后二千数百年间,中国遂无学术思想可言。余著《读经示要》第二卷曾论及斯,兹不复赘。吕政大毁灭,流毒将三千年而未已也,可不鉴哉?

与友人论张江陵

　　西周王朝盛时,四裔归诚。幽厉而后,虽有夷狄之患,然诸夏列强卒能互相保固。《麟经》于秦楚,皆尝斥之以狄,则以其侵中原而狄之耳。真正边方诸夷,则未有能入据神州者。秦以后二千数百年,而中国之大,□狄入关,横行蹂躏者其常。自古有聪明而尚礼义之族乃日就戮辱,而趋于污贱、委靡、愚陋、苟且偷生。酷矣哉!吕政摧残之毒,历史昭昭可鉴,而胡忍以其大毁灭为快耶?周代自战国中叶以上,确是国史上辉煌鼎盛时期,未可以东周王室一姓式微,遂妄计当时诸夏文弱也。古时诸夏列国,即今之整个中国。

　　总之,古今万国,任何高深文化及伟大学派,其内容恒有不易、变易之两部分。不易者,谓其所得真常之理与其立国之优良精神。真常理者,超物而非遗物以存。虽不遗物以存,而实超物。此非深于化者,无可与语也。凡国[有]文化发展至高深程度,其哲学界必有大学派能于无穷无尽之真常理有所发见。譬如以管窥天,虽不窥天之全,而确已窥得天之一片,则与生盲终身不识天者,其明暗相去,奚止天壤?若智大者能悟管窥之天只是一片,而天之大必不止此,亦可默喻于天之无穷,而不以小知曲见自封,斯为有会于天者已。凡大学派之于真常理也,其能有所发见而非无知,犹复不恃小知以迷于大道,亦如善窥天者而已。大学派必含有不易之部分,即其有得于真常理是也。此理超时空无有改异。故大学派不可轻毁。至于文明悠久之国,必有其立国之优良精神。此等精神,即由其国人自先民以来,从日常实践中有所体会于真常理而成为其对自己、对团体之若干信念。易言之,即此若干信念便为其生活之源泉。一国之人以此

111

互相影响，遂成立国精神。此等精神虽难称举，然在其国之哲学、文学与历史等方面最易理会。此精神界可以随时吸收新资粮，而有舍故生新与扩充不已。但舍故生新一语须善会。新必依故方生，非前不有故而后忽有新也。顿变还从渐变积久而后有此一顿。譬如酪相顿起，实从乳相经过无量刹那渐变，始顿现酪相。设以暴力将乳相毁灭尽净，无有少分余乳，后时得有酪相顿起否耶？立国精神有新生与扩充而不容斩绝，理亦犹是。总之，凡国有文化或学术思想，断无可容大毁灭之理。设不幸而至于大毁灭，则其国人虽幸存，而亦失其独立开创之胜能矣。中国秦以后久衰，可鉴也。

上来言不易之部分，次谈变易。凡一大学派之体系中，必含有许多可以变易之部分者。如在古代所认为人伦中当然之则者，后来随时多有变易。在古代观察事物而依据有限之经验以确定其所循之则律为如是如是者，后来经验日广，始发见错误而改定其则律。又有凭空想或臆想而虚妄安立之理论，后有智者视之，必以为当斩之葛藤。大凡人智日进，则古代大学派中可以变易之部分自然随时划除，又不待以强力大事毁灭也。是故文化界与学术思想界之积累至可宝贵。其长处宜随时发挥光大，其短处可以供人随时参考修正。一旦大毁灭，是使人返于鄙暴无知之原人时代也。江陵称快于吕政、元人之荡灭文化，盖不满于宋明理学，乃不暇深思，遂为过激之论耳。然于此有大可注意者，江陵对宋明学术思想确有改造之思焉。此其神解卓绝，实旷代之英也。后来船山、亭林力诋陆王，习斋上攻程朱，江陵实启之矣。

与友人论张江陵

　　江陵盖有哲学天才，而未能多尽力于学术。其出入儒、佛、道及法术诸家，规模宏大极矣，惜乎皆未入细密。于佛法虽得大悟，而无上甚深微妙之蕴与条理万端处，则非仅通大悟者所与知也。譬如看山直窥高峰，喻通大悟。而于群峦众壑、万木繁花，喻条理万端。未曾博览遍识，则于此山所知终未免疏而不密矣。江陵治道家言，撷其精华，而不必穷其枝叶，其得失与治佛学均也。即以二氏道佛。大悟而论，江陵亦契入徒殷，平章盖阙。平章，犹云批评。夫佛氏宗派繁多，而印以三法印究竟空寂。道家由南华而上探柱下，根极虚无。然格以儒学宗趣，上穷玄极，玄者，谓其理无定在而无所不在。极者，至也。此理至极，更无有上，是万理之所会归。则于乾元性海，即上云玄极之理。未尝不虚无空寂，亦未尝不生生化化而健动也。佛老终未免耽无而滞空矣。耽无滞空之宇宙观，无有发育。《中庸》云，洋洋乎发育万物。儒家之宇宙观是发育的。佛家唯识以山河大地为妄识变现，期于断舍。他宗虽名言有异，而大意颇同。道家之宇宙观只是任其自然之运，无有《大易》健动之义，更无参赞化育意义。所以二氏之宇宙观均异于儒。耽无滞空之人生观，缺乏创进。《易》曰君子自强不息，曰富有、曰日新，皆创进义。儒家之人生观如此。佛氏以大雄力趣向度脱而反人生。老氏柔退，其下流至于委靡。乃至言群治，则习守故常而惮改进。如先天弗违与裁成天地、开物成务种种大义，皆佛老所无有。盖二氏从本原上已未免耽无滞空之失，故向下无往不失。江陵于此都不深穷，故虽宗主在儒，而于儒学甚深无尽藏终未彻在。余著《新唯识论》，始明空故生生不息，不空即有碍，有碍即成机械，不得生生。无故神化无穷。无者，无形无象而非无有之谓，是以大化不测，无有穷尽。神者，不测之称，形容大化之妙。生而不息，化而无穷，健

113

之至也。于是融二氏以归宗《大易》，始遗偏执而显真际。恨不得起江陵而质之也。

江陵，思想家也。其《义命说》有曰："人生而有利害之情也，有利害之情则不能无推测之智，是以纷纷议论而卒无所归也。可胜叹哉！"此数语宏富极矣。推测之智缘于利害之情，此智已成杂染，原非本来明睿之智，何由见真理？哲学家理论虽多，大都逞戏论而无所归宿者，良由不自了其推测之智，乃一向从实际生活中即因所谓利害之情激引而起。此智开端便是杂染，向后无离染时，而恃之以探万化之原、人生之始，焉得免于惑乱？

江陵是思想家，而尤是一大政治家。彼于孔氏之仁、佛氏之慈，颇能反求自心而得之，故愿舍身救世，不肯作学问家。其遗文有曰："余尝谓世有大人、有伟人。其志翩翩，其行岩岩，其处于世也，卓然如秋峰之耸峙，昂然如鸡群之野鹤，伟人也。其志渊渊，其行桓桓，其处于世也，巍然如泰华之蟠礴，浩然如沧冥之含纳，大人也。二人者，语其才美标格，则大人似不若伟人之奇俊。要以闳深奥衍，不言而信，不怒而威，使人望而归之，世以为众父、为蓍龟，则大人之与伟人，大有径庭矣。"据此可见江陵志在大人，不欲以伟人自见，而肯以书生终乎？使江陵专力学术一途，则于明代思想界必独阐一异境，可断言也。

江陵《答朱谨吾书》云："平生学在师心。"此语在守文者闻之，必甚不满，而真知学者则信斯言无可易也。孟子曰："学问之道无他，求其放心而已矣。"吾人本心放失，即自舍严师。心不放，即师在。孟子语曹交曰："子归而求之，有余师。"交自有师，惜乎其不知求也。阳明指出良知，直令学者当下自得师，犹孟氏之心印也。江陵自道师心，却承孟子、阳明教法，俗士诚难悟耳。江陵才高气盛，虽未自承得力阳明，然识者则知其为善学阳明者也。江陵学于儒而脱尽考据家陋习，学于佛而脱尽法师家陋习，学于老而脱尽玄学家陋习，超然孤往，默与道契。其《与毛介川书》曰："一时号为交游者，盖不少矣。然而未必皆可与之言也。可与之言矣，犹未可与之微言也。可与之微言矣，犹未可与之不言也。若夫目击而道存，无心而冥解者，若仆与翁，盖庶几焉。仆每一相见，即颓然嗒然，若游太虚而涉广漠。"又《与高元谷书》云："近日静中，悟得心体，元是妙明圆净，一毫无染，其有尘劳诸相，皆是由自触。识得此体，则一切可转识为智，无非本觉妙用。故不起净心，不起垢心，不起著心，不起厌心，包罗世界，非物所能碍。恨不得与兄论之。"详上诸书，则知江陵师心而不待求师于外。其从入处虽不背孟子、阳明，然只识得心体虚明，犹未彻在。心体固未尝不虚明，然含万德、备万理、肇万化，其沛然油然充塞天地者，虚而实，明而不匮，儒者故谓之诚。君子贵思诚，思者，犹云常惺惺。而存之于隐微之地，慎之于息息与天地万物感通之几，达之于事业。合内外，贯动静，莫非诚也。造化之原，吾心之实，唯诚而已。虚明者诚之照用也。二氏徒保任此虚明，去实相甚远哉。实相谓本心，亦即目宇宙本体，所谓造化之原是也。儒者不偏向虚明处认识本心，此从实践中体现得来。孟子学孔，反身而诚，上下与天地同流，所造已高。阳明不免杂禅，而犹不失为儒。江陵初时说悟，殊近禅，正恐犹是揣量。但彼为童子时，已举茂才，少时便以天下安危为己任，涵养本原工夫，不无纷散。江陵天资高旷，脱然慕上达，故佛老易投其好。儒家藏幽深玄远

115

于平淡中，非上而能下者，不易喻也。然江陵复有《与罗近溪书》云："学问既知头脑，须窥实际。欲见实际，非至琐细、至猥俗、至纷纠处，不得稳贴。如火力猛迫，金体乃现。仆每自恨优游散局，不曾得做外官。今于人情物理，虽妄谓本觉可以照了，然终是纱窗里看花，不如公等只从花中看也。圣人能以天下为一家，中国为一人，非意之也，必洞于其情，辨于其义，明于其分，达于其患，然后能为之。人情物理不悉，便是学问不透。孔子云'道不远人'，今之以虚见为默证者，仆不信也。"详此所云，毕竟遵循儒家轨范，否则高谈澈悟，终不见实际，不得稳贴也。其书又曰："仆以孤焰耿耿于迅飚之中，未知故我何似。"此盖江陵自知甚明，惕然不胜危惧，非故示拊谦也。近溪悟处，似较江陵为深。故江陵此书颇虚怀于相知之前，而自存惕若之意。然亦于近溪有交儆之义。近溪颖悟虽高，其实用处未能相应，居官厚取于民，以养空谈之士，别无实政。江陵虽誉以不言民从，皇农再见，而又曰所治是信心任理，不顾流俗是非，则辞婉而规之严也。如此质直，正是学问得力处。又《与耿楚侗书》曰"但此中灵明，虽缘涉事而见，不因涉事而有。倘能含摄寂照之根，融通内外之境，知所以成变化而行鬼神者，初非由于外得矣"云云。至此则所造已深矣。其于《中庸》涵养未发之中、合内外之道与渊泉时出之妙，已有会心也。

江陵之学融摄法家。汉人之所谓法家者，申、商、韩三家也。余著《读经示要》，谓三家非法家正统，但正统派之思想，汉人已不传。故自汉以来言法家者，实即三家耳。三家之说，韩非为完备。申氏明于术，商君详于法，韩非兼法术而为一家言。江陵则学韩非而善变通者也。先以法论。韩非全取商君之告密与连坐。_{所谓告坐法。}吕政用其说，其法网之密，至偶语者弃市。此真人道之大厄也。江陵于此等处绝不学韩非，而其自所力行者，不外尊主庇民四字。此四字者，实可总括江陵之法治思想。惜乎当否塞之世，江陵不便以其思想见之著述，此可惜也。但详玩江陵握政时之作法，则其思想不难推见。江陵固常揭尊主庇民四字，而当时之人固莫测其中之所存，后之人亦鲜有能喻者也。江陵所谓尊主一词之意义，实非尊帝权之谓。彼本未言废帝制，然其尊主之义，乃在宰相独裁，决不是尊帝权也。何以言之？江陵每以宋世宰相卑其君为恨。其云卑君者，正谓宰相不能独操政权，但不便直言之，而以卑君为说耳。夫尊主之说，若是就帝权而言，则宋之相权远不逮汉唐。且宰相坐论之礼，宋初便废，而可谓之卑君乎？江陵对皇帝抗颜以师自居。皇帝称以先生，非唯不敢名之，亦且不敢字之。然则卑君之罪，江陵首当自承，而妄诬宋之宰相可乎？详江陵执政时，以一手操天下大柄，一切皆执法而绳之，如悬衡而立，天下万有不齐之轻重，无得逃于衡之外者。其执法之平且严，自汉以还二千余年间，未有如是者也。自来谈江陵者，但知其严综核而已，而不知江陵行法，首严之于朝廷。彼采诸葛武侯师法《周官》宫府一体之意，自皇帝、皇太后以及中贵皆绳之以法，不许遁于法外。如武清伯李伟，皇帝至亲也，且李太后尚在也。李伟请价自造坟茔，皇帝以其折价太薄，令从厚拟，而江陵乃援据世宗赏赐母亲家事例以严拒之。又皇帝欲修理武英殿，而江陵则疏称，本殿自宣德正统以后久不临御，且观其藻饰颜色虽稍有剥落，而栋宇规制未尝少损，宜仍旧贯，暂停工作，以省劳费。又万历七年，皇帝谕户工二部，内库缺钱赏用,宜广铸造进用。<small>内库,即皇帝出纳之处。</small>而江陵疏称,先朝铸造制钱,原以通币便民用,存一代之制,铸成后量进少许呈样,非以进供上用者也。又广铸新钱,则嘉靖等项旧钱必致阻滞不行,于小民不便。诸凡无益之费,无名之赏,一切裁省,庶国用可充,民生有赖云云。旋奉旨停铸。至于宫中之事,无大无小,咸裁之以法,中贵绝无敢干涉外政者。内外臣工任职,悉依法考绩,而核其有无成效,以定黜陟。盖江陵以为,法者本乎天下之公意而始立,皇帝与一切小民同受治于法,一味平等,无有差别。《洪范》所谓"无党无偏,王道平平",齐之以法故也。从江陵行法之平与严,而推其关于政体之主张,彼盖欲置皇帝于纯粹无为之地,而以宰相总揽全国政权。盖由彼之法治思想而推之,如皇帝亲揽政权,则欲其勿坏法而不可得也。帝位世及,贤明者少,不肖者多。不肖而有枭桀之才也,则大权在手,欲其一切循法而动,必不可几矣。不肖而为庸暗也,则左右群小与奸谄之臣皆得多方蛊惑,以夺其魁柄,卒至国本摇而夷狄盗贼起,社会元气损伤殆尽,民质日劣而国以式微。中国秦以后之局,长演此悲剧也。江陵以为,欲行法治,莫如使皇帝无为而宰相独裁。庶几天下之人人皆有法守,而祸乱可以不作。此江陵创见也。或曰:"江陵之意果如此,则是尊相权而已,乃托词尊主何耶?"答曰:皇帝无为而宰相有为,皇帝逸而宰相劳,皇帝高拱于上若天然,不谓之尊主得乎?且宰相奉法而为治,人民阜安,国家盛强,皇帝坐享成功而亿兆归敬,不谓之尊主得乎?宋世宰相势轻而权削,为相者以奴自居,不得有所断制与施为,庸主相继而大权常旁落于奸邪之手,遂至神州沦陷,皇帝奴役于胡廷,此非卑君而

与友人论张江陵

何？度江陵心事，必有一种新制度，蓄于衷而不敢发。盖承秦汉以来，二千余年思想界视帝制为天经地义不可易，而当时理学家方猜疑江陵有无君之心，凡奸邪之侥幸禄利而惮严法者，又皆恨江陵如仇而思有以中之，故江陵只有乘权处势以实行其思想，而不敢衍为理论，著之简策，以冒天下之大不韪。此乃仁人之所无可如何者。夫欲皇帝安于无为，愿授大权于宰相，此乃不可遇之事。江陵以雄才事冲主，又幸以忠悃受知李太后，故得躬任独裁，是所谓盲龟投浮木孔，千载而一遇者，佛经言，有一浮动之木，常动不止，木有一小孔，而盲目之龟欲以盲动投入浮木之小孔，经千载乃得一遇。此譬相遇之难。岂可望凡为宰相者皆效江陵乎？故如江陵之主张，必欲皇帝纯安于无为，则非以法规定之不可。江陵当已筹度及此，但不敢昌言以取祸耳。后来王船山有曰："预定奕世之规，置天子于有无之外，以虚静统天下。"此盖由江陵之行事而推知其衷之所存，否则未易有此创解也。江陵专政时，确是置天子于有无之外。而江陵一生最恨宋之宰相无权，致招亡国之祸。虽不敢斥言帝权之为害，而其有限制帝权之意却可于其言外得之。船山欲创定天子徒拥虚位、全无实权之法制，其受江陵之影响，决不容疑。

然复须知，江陵此等思想颇近于虚君共和，与商、韩之法绝不类。余著《读经示要》，明《公羊春秋》由据乱进升平之治即虚君共和制。董子曰："君人者，国之证也，皇帝仅于内政外交诸大文件用玺印而已，此外无一毫作为，故曰证也。不可先唱，虚君之国，其君必不能有所唱导，唯任群众之所共趋，随群智之所唱而已。感而后应。"群智、群力开其先，君但随感而应之耳，不能反群众也。又曰："为人主者，以无为为

119

道,以不私为宝,立无为之位而乘备具之官。足不自动,而相者
导进。口不自言,而摈者赞辞。心不自虑,而群臣效当。故莫见
其为之,而功成矣。"据此,则皇帝诚如木偶,明明是虚君制也。
又《论语》曰:"大哉尧之为君也! 唯天为大,唯尧则之。荡荡乎,
民无能名焉。""无为而治者,其舜也欤!"此乃孔子假尧舜以为虚
君之象,其义别详于《春秋》者也。是故儒家虚君之制,置君于无
为之地,而尊之同于天,则以天高而无为,象君德也。江陵尊主
之意,原本儒家,于商君、韩非无取焉。唯其严综核则采之商、韩
耳。问曰:"宰相独裁,能必其称职乎?"答曰:江陵尊重考绩法,
百官无大无小,皆以考绩定黜陟。江陵居相位时,亦经考绩数
次,赏功,皆严辞不受,谓尽职乃辅相之本分,不足言功。盖以此
风示大小臣工,息其贪冒之私,抑其躁进之妄也。考绩法行,则
贤能尽职者皆可循资而进。其有非常之人,立非常之功者,亦可
有不次之擢。如此,则凡能自致于相位者,必无不称职之患。又
既任宰相,犹按年考绩,则其惕励自有不容已者。江陵立法,可
谓周密。又江陵《杂著》中记太祖开国时用人有数条,彼虽直记
其事,未发议论,而观其特笔之意,似主张中枢大臣当由地方亲
民之小官卓著功绩为人民所戴者,方可擢升。如此,则宰相必出
自与民间共疾苦之人,是真能代表天下贫苦民众者。以此等宰
相操政权,大有民主意味。此亦与商、韩绝不同。据《杂著》,洪
武八年十一月,以登州卫知事周斌为户部侍郎。十一年正月,以
西安知府李焕文为户部侍郎。十二年,以莱州知府董俊为兵部
尚书,明州知府余文昇为工部尚书,常州知府张度为吏部尚书。
十月,以儒士王本等为四辅官。江陵并附记曰:"本等起布衣,即

拜辅导。"此事与版筑莘野之用何异？自胡惟庸诛，虽罢丞相，分任六卿，而四辅实居论思之地，则虽无相名，实有相道也。是年十月，以教谕石璞为户部侍郎。十五年十一月，以上海训导顾或为户部侍郎。二十四年正月，以芜湖知县李行素有实政，擢刑部右侍郎。余尝言，明祖光复旧物，而当时塞外势力犹甚盛，倘明祖不能修明政治，安定民生，则不能保固神州而开一代之治，可断言也。观其特擢亲民之官以居中枢要地，最有深意，惜乎后嗣莫能踵行。江陵特记之，其有孟氏"民为贵"之思乎？

　　上来已考定江陵之尊主说，次言庇民。中国社会自昔以来，似无一定悬绝之阶级。但就秦以后二千数百年之局而论，不妨分为统治与贫民之两阶层。平民者，谓全国劳动而贫苦之民众，如农民、工人等是也。统治者，谓皇帝与王公大臣等家族。而凡依托统治力以侵欺贫民者，如所谓士大夫或缙绅之族，亦当附属于统治阶层。或谓皇帝可革命，不足言阶级。然革命只是改朝换帝，张去李来，是另一事。而皇帝之一种制度无有变革，则不论居帝位者为张为李，而皇帝之地位确是统治阶层。唯王公而下以至缙绅之家，废兴无常，不可说为一定阶级。但当其盛时，每借统治之力以侵欺小民而兼并土地，私敛财货，不属之统治阶层不得也。明乎中国社会阶级之分，而后推详秦汉以后之政治，则见夫统治者能顾及小民之利害者甚少，而以小民为鱼肉者其常也。此所以二千数百年，治日寡，乱日长也。江陵为政，特提出庇民二字为治道之大本。易言之，即与最大多数勤苦民众同忧患，而一反乎过去统治者之所为。此亦与商、韩之霸王主义极端相反。商、韩霸王之术，并主竭民力以事侵略，而江陵不如是

121

也。王船山、顾亭林皆不免程朱锢习，并于江陵不乐道之，不悟江陵政事明与商、韩反。王、顾殆以褊衷而未之考也。江陵整理丁粮，为一条鞭法，本便于小民，而当时顾有极言不便者。江陵《答少宰杨二山书》云："仆思政以人举，法贵宜民。朝廷之意，但欲爱养元元，使之省便耳，未尝为一切之政以困民也。若如公言，徒利于士大夫之家而害于小民，是所以恤下厚民者乎？仆于天下事不敢有一毫成心，可否兴革，顺天下之公而已。"又《答应天巡抚宋阳山论均粮足民之政》有云："孔子为政，先言足食。管子霸佐，亦言礼义生于富足。自嘉靖以来，当国者政以贿成，吏胺民膏，以媚权门。而继秉国者，又务一切姑息之政，为逋负渊薮，以成兼并之私。巨室日富，公家日贫。国匮民穷，病实在此。仆窃以为贿政之弊易治也，姑息之弊难治也。何也？政之贿，惟惩贪而已。至于姑息之政，倚法为私，下剥民，上侵国，而以肥己，惟官吏中饱，而国与民交困。故仆今约己敦素，杜绝贿门，痛惩贪墨，所以救贿政之弊也。查刷宿弊，清理逋欠，严治侵渔揽纳之奸，所以砭姑息之政也。揽纳者，地方豪强与官府胥吏相结，而令乡里小民之粮税由彼代纳，因而上下其手，额外苛取。清世犹有此弊。上损则下益，私门闭则公家强。故惩贪吏者，所以足民也。理逋负者，所以足国也。按当时豪家多不肯纳粮，故逋负多。而江陵清理之，不许匿。国与民两足，上下俱益，所以壮根本之图，建安攘之策，倡节俭之风，兴礼义之教。假令仲尼为相，由、求佐之，恐亦无以逾此矣。今议者率曰：吹求太急，民且逃亡为乱。凡此皆奸人鼓说以摇上，可以惑愚暗之人，不可欺明达之士也。夫民之亡且乱者，咸以贪吏剥下而上不加恤，豪强兼并而民贫失所故也。今为侵欺

隐占者，权豪也，非细民也。而吾法之所施者，奸人也，非良民
也。清隐占，则小民免包赔之累，而得守其本业。惩贪墨，则闾
阎无剥削之扰，而得以安其田里。如是，民且将尸而祝之，何以
逃亡为？愿公坚持初意，毋惑流言。往时，宰相不为国家忠虑，
徇情容私，甚者辇千金入其室，即为人穿鼻矣。言得人之金，即为人
牵之以同作贪事也。今主上幼冲，仆以一身当天下之重，不难破家
以利国，陨首以求济，岂区区浮议可得而摇夺者乎？公第任法行
之，有敢挠公法伤任事之臣者，国典具在，必不容贷。"愚按明世
粮政之弊，全由豪强兼并太多，其抗匿粮税而以重负嫁害于小民
者太甚。亡国于胡，非偶然也。近观民国主大政者，庇巨室以吞
尽天下之财，供其私门营业。其营业也又恃官力，以偷免一切
税。因此，天下之财集于数大豪门，而民国卒以是倾覆。明代自
嘉靖时，政乱民穷，亡不终日。赖江陵当国，以庇民为本，而厉行
法治，除贿政，去姑息，乃得延国命数十年，迄永明而后亡。功盛
矣哉！江陵于万历二年，《请择有司蠲逋赋以安民生疏》有云：
"各地方有司官不能约己省事，无名之征求过多，以致民力殚竭，
反不能完公家之赋。其势豪大户积猾侵欺者，皆畏纵而不敢问，
反将下户贫民责令包赔。近来因行考成之法，有司官惧于降罚，
遂不分缓急，一概严刑追并。又以资贪吏之囊橐，以致百姓嗷嗷
愁叹盈间，咸谓朝廷催科大急，不得安生。中略。今欲固国安民，
必得良有司加意牧养。各地方官朝觐考察在迩，吏部宜悉心访
察其贤否，惟以牧爱宜民者为最。其催征钱粮，有畏纵富豪奸
猾、偏累小民致有流离失所者，悉依法论黜。"又《与耿楚侗书》
云："究观前代，孰不以百姓安乐而阜康、闾阎愁苦而危乱者？当

嘉靖中年，商贾在位，货财上流，百姓嗷嗷，莫必其命，其能幸免于危亡乎？仆唯以怀保小民一念对越上帝，尊安国本。故自受事以来，凡朝夕之所入告，教令之所敷布，惓惓以是为务。锄强戮凶，剔奸厘革，有不得已而用威者，惟欲以安民而已。奸人不便于己，猥言时政苛猛，以摇惑众听。而迂阔虚谈之士，动引晚宋衰乱之政，徒欲惠奸宄、贼良民耳。世儒达治者鲜，可与言哉？"愚按，自秦一统以来将三千年，吾国常为夷狄盗贼迭起宰割之局，唯汉唐宋明四代盛时，颇近于开明，民得少苏。然四代季世之政，则江陵所谓惠奸宄、贼良民六字尽之矣。其所以成乎此者，则政之贿与姑息实为之耳。贿与姑息，不独四代季世为然，即四代盛时亦未全绝也。吾国民众长处于被宰割之地位，一向无参政能力与习惯。清季人士，骤期民主，宜乎欲速不达也。必法江陵明法以庇民，锄豪强之巨凶，佑勤苦之大众。法所宜加，决定不挠。全国之内，无贵无贱，无亲无疏，一切皆受治于法。小民得所庇佑，强梁不得侵欺。如此行之久，则人民合群，参政力量养成之无难矣。

是故江陵之法治思想，以尊主、庇民为两大基本观念。庇民即与大多数勤苦细民同忧患，而凡依托统治阶层之豪门皆在锄治之列。尊主则欲行虚君共和制，而以国之大权归宰相。又以宰相必由亲民之官经考绩而升，及居相位久，犹须考绩以定去留。江陵在位时虽治功卓越，而于任何赏锡皆固辞不受。如辽东大捷，兵部核叙宰相运筹之功，例宜升荫。上命即下，江陵累疏，固辞不受。其疏有云："诚以摧锋陷坚，躬冒矢石，本诸将士之力，固非坐而指画者所可同也。中略。武夫力而获诸原，书生坐而享其利，不唯以功冒赏者不知劝，而旁观逖听之人亦将愤惋而不平矣。"又曰："微臣之遇主也以道，而非由于要宠窃禄之私。"据此可见江陵所以能行法于将帅而收四夷归顺、九边无惊之效者，由其以身守法，不与将士争功故也。又万历四年十月，江陵以一品九年考绩，吏部题奉圣旨："元辅先生辅朕冲年，今四海升平，四夷宾服，实赖先生匡弼之功，着加特进左柱国，升太傅，支伯爵俸。"江陵又三疏，固辞不受。盖江陵以考绩法关系于政治之隆污者为至大至要。若宰相轻于居功，则无以劝惩百执事。故宰相虽功宜受赏，而终不自居功，是宰相之责下以法也，固先以礼自持矣。江陵尝曰："秉礼以持其势，循法以守其富。"《答应天巡抚周雅斋》。大哉斯言！夫持国之大柄者，负领导之责，挟极重之势，若不以礼自持，则心日肆而欲日纵，其将颠狂以骋而不知反，率一世以趋乎迷乱之凶无疑也。商鞅、秦孝皆弃礼而任法，不数传而至吕政，秦以是亡，非明鉴欤？故以法治导民者，必以礼为本。此乃儒学之不可颠仆处。而江陵深有得乎此也。若乃江陵之法治主义，在乎夷阶级、去豪强，将使天下之人人各安其业，各遂其生，无有贵贱亲疏，一切受治于法，一律平等，故暴乱不作，而人人皆有优裕之生活，所谓循法以守富者是也。礼治、法治，本非不可融通。江陵早已作到，惜乎后人莫之继也。

商鞅、秦孝、韩非、吕政之徒皆持霸王主义，挟国以削民。而江陵则务为庇民之政以固国，盖根据儒家民为邦本、本固邦宁之古训。其综核之严，虽采法家作用，而其创制立法本旨确是儒家精神，与法家无相似处。愚意治积衰之中国，非取法江陵不可。所以者何？唯儒家精神，以仁与礼涵育群生，可以扶殖衰微之族类而复其元气。唯法家作用,综核名实,可以荡除二千数百年政治上之贪污与姑息,而小民始免侵欺之患,可以养成其参政能力。平生哀中夏沉沦,时有味乎江陵之思想与志事。暮境孤怀,惜乎无可共语也。

韩非承申氏子而崇术,其志未可非也,独惜其未知术耳。韩非盖慕苛察,而未闻君子之大道也。非之书中所采集用术者之故事,大都恃密探以苛察细务,而冀臣下惊其神明,莫予侮也。如此,则市井纤儿优为之。而恃此以为国,岂不愚哉?吕政喜其说而用之,卒以速亡。虽能侦得偶语者弃市,陈、项、刘一呼,而四海风起云涌,卒无可如何也。天下大矣,万类众矣,万变奇诡不测矣,而恃苛察,其有幸乎?江陵之说道曰"以此治天下,则执简握机,因应随化,使智者效其画,材者毕其能"云云,_{引见前}。可谓知术之原矣。且非生长弱韩,愤秦之暴,颇思强韩以抗虎狼,其志可尚也。然观堂谿公戒非之辞,则知非之才短术疏。其于韩之重人,已成水火。韩王遣之使秦而死,盖因重人中之于王,而知李斯必不容非,故令非使秦以就戮也。江陵当衰乱之朝而跻相位,实行独裁。当时议者或谓其与中贵人相知,或曰因中贵人得用,或曰为新郑所进。南京台谏,狂吠尤甚。其实,江陵首因徐阶上言于世宗,自是受知于上。旋侍皇太子讲读,渐见大用。其于新郑,盖谦慎以处之,故初得和衷共济。观其代翰林及门生为新郑六十寿序,赞扬功烈,上拟公旦,此江陵苦心也。誉之不惜过高,所以消其险曲,释其妒忌。小人不足为善,而为恶有余。江陵诚欲行其志,而不善处新郑可乎?太监冯保在帝左右,江陵调御得宜,非独宫中无冗费,且无干涉外政之患。又非独不干政也,更资之以调和两宫,赞辅君德。否则宰相与宫庭中贵激成水火,宰相必败,而国事不可为矣。江陵本领大,有术以御此辈,实由其公诚之心,刚大之气,足相感召,决非徒恃巧伪之术者可能也。唯江陵能用术,则以其术之所从济者,正由术之不离其正耳。否则术有所穷,用术而反以术自困也。设无江陵之诚心与刚气,而以术御中贵,必为中贵所制无疑也。术不易言,而申、韩昌言之,妄而已矣。江陵不言术,其与申、韩相去奚止天壤乎?

汉以后二千余年人物,真有公诚之心、刚大之气,而其前识远见,灼然于国覆种奴之祸已深伏于举世昏偷、苟安无事之日,毅然以一身担当天下安危,任劳任怨,不疑不怖,卒能扶危定倾,克成本愿者,余考之前史,江陵一人而已。明朝自嘉靖年间,君日习于昏骄,臣日习于无知无耻。商贾在朝,货财中饱。文臣泰侈,不知政事。武臣污贱,莫治兵备。社会上豪强兼并,小民困于苛征,难以存活。而海内知识之伦,所谓理学家者,则空疏负气,好以意见为天理,而公私不辨。王船山尝曰:"今则大河以北士大夫,十九而抱禽心矣。"愚按船山痛骂北人者,盖从东胡入关后,北方士大夫鲜不甘为顺奴,而南中遗老犹抱恨终天,以正义遗后嗣。故船山独詈北人也。其实,明朝嘉靖以后,王学固流于猖狂无实,而宗程朱者亦迂顽虚伪。南方之儒亦不必贤于北也。学风之坏,自嘉靖时已然,不待后来亡国始见其坏也。在朝无任事之臣,在野尽浮昏之议。士既失学,民散已久,国谁与立?当此之时,西北至东北诸胡狂狡思逞,犯塞无虚日。南粤群盗猖獗,早有广东非朝廷有也之叹。使当时无江陵,则西北至东北诸胡首窥中朝虚实,纵骑入关,复用内地奸人为之策画,则群胡在神州分土而帝者,将不知多少。南粤诸盗或终被歼于胡,是时中国当有数十年为典午之局,而后统一于群胡之强者,此殆为势所必至也。当嘉、隆、万历间,如无江陵再造之功,亡国惨祸决无幸免。江陵力任艰危,扶中夏独立之气,解生民涂炭之厄,只手撑天,大雄无畏,卒致四海清晏,四夷率服。奇哉奇哉,江陵真天人也,大乘菩萨乘愿而来也。

　　江陵身处之世,政俗衰敝已极,国势危殆,不可终日。而当时举国上下皆狂昏罔觉。江陵独深忧之,《答曾确庵书》曰:"今武备废弛如此,不及今图之,则衰宋之祸殆将不远。仆于此事,颇殚心力。"又《答施恒斋》曰:"声容盛而武备衰,议论多而成功少,宋之所以不竞也。不图今日复见此事。仆不度德量力,欲一起而振之。"详此,可见江陵前识远鉴,早忧明之将为宋。其献身于国,纯出于救亡一念,迫不容已,毅然以一身担天下之重。公诚之心,刚大之气,塞天地,动神明,德盛矣哉!其《答李中溪书》有曰"正少而学道,每怀出世之想。中为时所羁绁,遂料理人间事。前年冬,偶阅《华严悲智偈》,忽觉有省,即时发一弘愿,愿以身心奉尘刹,不于自身求利益。去年,当主少国疑之时,以藐然之躯,横当天下之变。比时唯知办此深心,不复计身为己有"云云。呜乎,公真大菩萨种性也!诵偈有感,即便发愿。发已恒持,永不退失。证以公之一生行事,无有一时一事而非此愿之流行也。世之口诵经而心禄利者,自当永堕地狱,驴年出。若公者,可谓真学佛,亦善学佛者也。_{驴年本禅家语。纪年以干支,无属驴者,驴年出犹云无年可出也。}余尝言,自昔未有身见未除、利害之私未尽而能公能诚、能刚能大者也。不能公诚刚大而以诈力乱天下，如秦孝、吕政之徒是矣。若夫转移造化，位育天地，其唯与万物平等而无一毫己私者乎？江陵其庶乎近之矣。世儒诋江陵以法家，何狂吠之甚乎？江陵《答王西石》有曰"学须到形不愧影，此圣门教人慎独之功。此工夫最难"云云。江陵固儒而佛者也。慎独故能不失本愿，否则弘愿乍兴于一念，而杂染潜滋于渊深之独，则愿力无根，乍兴而乍泯矣。夫独者，藏识海也。慎之于此，而绝杂染之萌，则愿力无障而扩充不息矣。真事功原本真学问。江陵植根在儒佛，徒法家而已乎？

江陵所以能革贿赂与姑息之亡政者，实在其本身作则，有伊尹非义非道一介不取予之操，故可以风示群臣百姓，挽累世之浇风也。《答两广刘凝斋书》曰："监司抚按，取受不严，交际太多，费用太泛，皆嘉隆以来积习之弊。各省大抵皆然，而广中为甚。自不谷戴罪政府，以至于今，所却两广诸公之馈，宁止万金？若止照常领纳，亦可作富家翁矣。若此类者，不取之民而孰办耶？夫以肉驱蝇，蝇愈至。何者？以致之之道驱之也。司道之取予不严，欲有司之从令，不可得也。督府之取予不严，欲司道之从令，不可得矣。稽察吏治，贵清其本源，诚为要论。顾积习之弊，亦有难变者。一方之本在抚按，天下之本在政府。不谷当事以来，私宅不见一客，非公事不通私书。门巷阒如，殆如僧舍，虽亲戚故旧交际常礼，一切屏绝。此四方之人所共见闻，非矫伪也。屡拟严旨，奖廉抑贪，欲庶几以身帅众，共成羔羊素丝之风，而终不可易。乃苞苴之使未尝绝也，钻刺之门未尝墐也。虽飧荼茹董，徒自苦耳，何裨于治理耶？虽然，不谷固不敢以人之难化而遂懈其帅之之心也。早夜检点，唯以正己格物之道有所未尽是惧。亦望公俯同此心，坚持雅操，积诚以动之，有顽冥弗率，重惩勿贷。"又《答凌洋山》云："承教，以孤辞禄守制，特捐俸以助不给，深荷厚情。但孤自念受事以来，四方馈遗，虽已概却，然于一二相知，间有量受者。今则虽至相知者，亦不敢领。非以自绝于长者也。念孤今日暂留，但以艰巨之托，不得不弃家捐躯，以图报称，非有利于天下也。故上不受公家之禄，下不受朋友之馈，唯赤条条一身，光净净一心，以图国家之事，而不敢一毫有所希冀，庶于鄙心乃安耳。"此江陵居父丧时事。又《与河道江心源》云："近访有棍徒张梅，称为不谷家人，于江南北一带贸易。闻公为所诳，给与牌票，悉免关税。又擅乘驿船，有所求索。昨小儿嗣修已拿获，付之于理矣。小儿居家，闭门读诵，即敝郡有司亦罕与接见，四方相知有惠，毫不敢领，岂复差人远事贸易乎？此后再有奸人假称不谷族姓家人者，不论真伪，即置之重法。仍乞通行贵属，严加缉访。有听其脱逃者，将官吏提究。往王敬所督漕，曾有诈称寒舍子弟者，即时捶杀。不谷至今感之。谅公爱我，又当厚于敬所也。"又《答巡抚张濂滨》曰："盖荐贤本以为国，非欲市德于人也。乃今为仆所引拔者，往往用馈遗相报。却之，则自疑曰'何疏我也'，及不能殚乃心，任乃事，被谴责，则又曰'何不终庇我也'。凡此，皆流俗之见，非大雅之物也。仆于天下贤者，非敢妄为知己也，而人谬以知己相待。嗟乎，使诚以仆为知己也，则古之义士所以酬知己者，盖必有道矣，岂在区区礼文之间哉？"综上诸书，可见江陵堂堂巍巍，壁立万仞气象，清操犹其余事耳。江陵整理驿传，无论若何大官，非公事不得私用公家伕马。江陵子弟谨守斯戒，后遂无敢犯者。清季迄民国，车船免票，专为势家亲眷与知交之用，公家损失甚巨。格以江陵之法，必不可容也。总之，凡负天下之重，居领导之地者，如无直方刚大纯白之德操，断无可执法以齐众庶。先圣曰："君子之道，本诸身，征诸庶民。"江陵拨乱致治，不偶然也。

江陵政治思想，在秦以后二三千年间，可谓创见。如前所说，尊主即虚君共和制，庇民即援助大多数勤苦民众而严惩依托统治阶级之豪门巨猾，破除封建锢习，为民主先导。信乎天纵之英哲也！虚君理想在今虽成过去，然其精神则重在民主也。江陵确是一大思想家，惜乎当否塞之世，非独不能实行，更不便发表理论。其《答陆五台书》曰："仆今处多惧之地，当至重之任，敢不畏乎？"又《与李渐庵》曰："仆以草茅孤介，拥十龄幼主，立于天下臣民之上。国威未振，人有侮心。"又曰："庸众喜于委徇，奸宄惮其精核。又有一种腐儒，动引末季事，谓称道衰宋之政。以摇乱国是。中略。而宋之宰相，卑主立名，违道干誉之事，直仆之所薄而不为者。"宋之所谓贤相，皆上媚其主而不敢持权以图治，以顺为正，而取贤名。朝廷贤不肖混杂，而无法守，故奸人敢贪横，贤者亦委靡，以致小民无所托命。宰相不与小民同患，不能援助民众，有所改造，而全身避咎，反有美誉，是违道干誉也。又曰："庸众之人，难与论寻常之外。"据此，则江陵不便发表其政治思想，可以概见。处危疑之地，昌非常之论，天下之变，将未知所底也。江陵既蓄其深远之思而不敢发，又忧亡国之祸将及，于是因机顺应，以取政权，冀得本其素怀，而斟酌时宜，用济当世。吾侪今日考史论世，应知江陵高深理想并未实现。其所得为者，只是济一时之急而已。海刚峰为县官时，令贫民夺富人田,盖亦明法以奖民治者。其巡抚应天时,江陵尝答以书曰:"三尺法不行于吴久矣。公骤而矫以绳墨,宜其不能堪也。讹言沸腾,听者惶惑。仆谬忝钧轴,参庙堂之末议,而不能为朝廷奖奉法之臣,摧浮淫之议,有深愧焉。"观此,则当时敝俗难移,江陵政策多遇阻而难行,亦可见矣。现行《江陵集》当非完本,如奏对及书牍,现存者似太少,决不止此数。今据仅存之奏议、书札以窥江陵当时政策,其可言者略如左:

一、以崇法为扶衰救弊之本。夫欲法之行也,必使上下同由于法度之中,不得逃于法外。此事最难者,首在上层守法,方可责臣民以必守。江陵虽能自守,而当时君权无限制,人民亦无反抗帝制之觉悟,宪法不能突尔产生,则皇帝与皇太后以及中贵随时可任意毁法。江陵无术可以责上守法,又何能以法驭臣民乎? 于是修明祖宗法度,责皇帝以服膺勿失。上有过举,则持祖法以相戒谕。此其检束皇帝之力,亦不可侮也。如《请敷陈谟烈以裨圣学疏》云:"顷奉圣谕,责臣等以尽心辅导。臣等夙夜思惟,图所以仰承德意,启沃圣心者。窃以为远稽古圣,不若近事之可征。上嘉先王,不如家法之易守。昔伊尹周公矢谟作诰,撮其大旨,不过两言:曰明言烈祖之成德,曰覿扬文武之光烈。至于唐宪宗读《贞观政要》,竦慕不能释卷,宋仁宗命侍臣读《三朝宝训》及《祖宗圣政录》,前史书之,皆为盛事。良以羹墙如见,自不忘继志之思。耳目既真,又足为持循之地。守成业而致盛治,莫要于此。臣等谨属儒臣,将累朝宝训实录副本逐一检阅,分类编摩,总计四十款。中略。容臣等次第纂辑,陆续进呈,拟俟明岁开讲。如皇上偶有疑难,即望面赐咨询。或臣等窃有见闻,亦得随事献纳。其诸司章疏有紧要者，即于讲后面奏请裁。但使工夫接续，时日从容，自可以开发聪明，亦因以练习政事。伏望皇上留神听览，黾勉力行，视训录之在前，如祖宗之在上，念念警惕，事事率由。且诵法有常，缉熙无闲，即燕息深宫之日，犹出御讲幄之时。则圣德愈进于高明，圣治日跻于光大矣。"江陵以祖宗家法约束皇上，而后可持法以齐一臣民，使不得逾于绳墨之外。此其法治主张所以能收实效也。辛亥革命，帝制已废，而总统、阁员皆首先毁法之人。民初如有江陵，吾国别是一局面，可断言也。

秦以后二三千年，中国仅免于夷狄盗贼之宰割者，仅汉唐宋明四世之盛时。及其衰也，皆以贿赂与姑息之政而复为夷与盗之局。夫政以贿成，则自枢府以至中外大小臣工皆括天下之财，以饱私囊。上夺国，下剥民，在位者各图其私而不知有公，群小比周为奸利，巨猾乘机蓄异图。未几天下土崩瓦解，而夷或盗乃肆其狂噬矣。江陵忧明之将为宋，盖数往知来，其几兆已见也。世已大乱，而人皆以私欲蔽其灵府，中无所主，欲其明于公利公害之所在，了于吉凶之征，必不可得也。私利即在公利之中。公家受害，而私家亦必不利。昏乱之群无远见，故不悟此。是故治乱国者，难以德化。智昏则不可理喻，神乱而失正义感，斯莫如之何也。唯立法公而无私，行法严而无纵，使国中之人人，无上无下，无贵无贱，莫不由于法度之中。久之，人各尽其本分之所应尽，得其本分之所应得。其生舒，其志定，人始得复其本心之明，则法治成，而德化亦可修矣。江陵以崇法为起衰之本，其道百世无可易也。

隆庆二年，江陵《陈六事疏》，大纲已具，众目毕罗，而一贯以崇法之精神,此即其立政纲要也。后来一切施为悉本于此。疏文字字踏实,含蓄深广,既以对治嘉靖之弊,复远鉴乎衰宋之败。非有识者,鲜能喻其切要。

民国虚慕西洋法治,而实荡无法纪。论者或疑中国向为礼教之国。礼顺人情而法以防奸。秉礼之国,其民重体面而恶防检,习声容而忌操切,故绳之以法则拂其情,宜法治之难行于吾国也。此论直视礼治与法治极端相反,不知吾古圣人言治,皆以礼为主,以法为辅,礼法固并行不悖也。如二者相反,何可并行乎? 论者殆不究于公私之辨,未了顺情之义也。善乎江陵之言曰:"夫徇情之与顺情,名虽同而实则异。振作之与操切,事若近而用则殊。盖顺情者,因人情之所同欲者而施之,《大学》所谓'民之所好好之,民之所恶恶之'者也。按顺情即公。若徇情则不顾理之是非,事之可否,而惟人情之是便而已。按徇情即私。振作者谓整齐严肃,悬法以示民,而使之不敢犯,孔子所谓'道之以德,齐之以礼'者也。若操切则为严刑峻法,虐使其民而已。故情可顺而不可徇,法宜严而不宜猛。"又曰:"法所当加,虽贵近不宥。事有所枉,虽疏贱必申。"江陵此论,宏大深微,非精义者难与语此。夫礼顺人情之公,法亦然也。有背礼而反人情之所公欲者,于是有法。故礼行而人敦于和,法行而人罔不服,以其顺群情之公故耳。若夫严束重创,不因乎人情之所同欲者,则其法离于礼而成乎毒。离于礼而成乎毒者,实非法也,但名之为法而已。商鞅、秦孝、吕政、李斯之法则毒而已矣。汉宣所不为也,况江陵乎?

二、以保民为立国之本。战国时谈政理者,唯孟子笃守儒家民为邦本之正义而注重保民,使民皆有恒产而习于共同生活,所谓"守望相助、出入相友、疾病相扶持"云云是也,此外毫无束缚。故国人同有群体安富之乐,而无小己窘束之感。若乃商鞅、秦孝、吕政之徒,志在霸业,于是有以国家控制民力之雄图,实即挟国以抑民,而国始重,民始轻,适与儒者之道相反。汉以后政治皆承秦之弊,皇帝即国家,而大权属之,无论帝者为自操其权抑或旁落其权于奸邪之手,其为侵损小民则一也。四代之衰也,谓汉唐宋明之季世。庸主多而大权旁落者其常,则小民受祸乃益甚。江陵鉴暴秦以来积弊,上追孟氏保民之旨而力行之。尝与王敬所书曰:"仆今事幼主,务兢兢守法,爱养小民,与天下休息。"又《与殷石汀》曰:"为国之法似理身,元气欲固,神气欲扬。仆日斤斤焉以振纲纪、察吏治、安民生为事。"《陈六事疏》有曰:"臣闻帝王之治,欲攘外者必先安内。《书》曰:'民为邦本,本固邦宁。'自古虽极治之时,不能无夷狄盗贼之患,唯百姓安乐,家给人足,则虽有外患而邦本深固,自可无虞。唯是百姓愁苦思乱,民不聊生,然后夷狄盗贼乘之而起。盖安民可与行义,而危民易与为非,其势然也。窃以为天之生财,在官在民,只有此数。譬之于人,禀赋强弱,自有定分。善养生者,唯撙节爱惜,不以嗜欲戕之,亦皆足以却病而延寿。昔汉昭帝承武帝多事之后,海内虚耗,霍光佐之,节俭省用,与民休息,行之数年,百姓阜安,国用遂足。然则与其设法征求,索之于有限之数以病民,孰若加意省俭,取之于自足之中以厚下乎。伏望皇上轸念民穷,加惠邦本,于凡不急工程,无益征办,一切停免。敦尚俭素,以为天下先,仍勅下吏部,慎选良吏,牧养小民。其守令贤否殿最,唯以守己端洁,实心爱民,乃与上考称职,不次擢用。若但善事上官,干理簿书,而无实政及于百姓者,虽有才能干局,止与中考。其贪污显著者,严限追赃,押发各边。再敕下户部,悉心讲求财用之所以日匮者,其弊何在;今欲措理,其道何由。今风俗侈靡,官民服舍俱无限制。外之豪强兼并,诡抗赋役,田粮偏累小民。内之官府造作,恣为侵欺。各衙门在官钱粮,漫无稽察,假公济私,官吏滋弊。凡此皆耗财之大者。若求其害财者而去之,则亦何必索之于穷困之民,以自耗国家元气乎?"详上所述,江陵保民之政唯注意财用,必人主以节俭为天下先,凡在官者,一切侈靡贪污之习,必严核重惩。甚至不急工程,无益征办,皇帝犹须停免,而况中央及地方各级政府,其敢妄事兴作乎? 近观民国,贱商在位,穷奢极欲之甚,五千年历史所未有。侵国剥民之贪污计划与组织,皆利用科学技术,极为精巧,亦五千年历史所未有。而民国竟以是倾覆。江陵当日政策在求其害财者而去之,即严法以惩治官吏淫侈贪污,无苦小民,无耗国家元气。此种政策,不独在近世犹为切实有效,后之理国者尚不可忽也。问曰:"江陵保民之政,只严惩在位者之侈与贪,使上之取民也减如干分,即民力宽如干分,其效如此而止,是仅知节流而未闻开源之道也。《易》曰裁成天地,曰开物成务,曰备物致用,《周官》生产之业务亦多矣,是皆以天然宝藏经人工创制,阙无穷富源。江陵若罔闻,何耶?"答曰:《大易》《周官》之义,圣人为万世开太平而言也。若斯民智德力未大进,固不可遽几也。中夏久受夷与盗之摧残,百家学绝,生产工具无改造,民各偷生,而乏公营事业之习性,唯安于农业而已。中国大陆亦适于农业之国也。江陵在明世,亦唯有保护农业生产而已。如豪强兼并及诡免赋役以重苦小民等弊，皆其所严察重惩者。此外，又勒行各省清丈以平均粮税，复修治水利以免灾害，畅富源。如万历七年河工成，徐淮之间延袤八百余里，数十年弃地转为耕桑。此其著者也。至于亲民之官，关系民生至为密切，故吏治尤江陵所急。其《与四川巡抚张濂滨书》曰："导民以行不以言。孙子云：'约束不明，申令不熟，将之过也。'约束已明，申令已熟而士不用命，则士之过也，杀之无赦。故能使乡人女子皆赴汤火、冒白刃而不避。今治吏亦然。科条既布，以身先之。有不如令者，姑令之申之。申令已熟，则不问官职崇卑、出身资格，一体惩之，必罪无赦。如是，即欲今之为吏者皆龚、黄、卓、鲁可也。"又《答庞惺庵》曰："今人不达于治理，动以姑息疏纵为德，及罹于辟，然后从而罪之，是罔民也。仆秉政之初，人亦有以为严急少恩者。然今数年之间，吏斤斤奉法循职，庶务修举，贤者得以效其功能，不肖者亦免于罪戾，不蹈刑辟。其所成就者几何，安全者几何？故曰：小仁，大仁之贼也。子产铸刑书，制田里，政尚威猛，而孔子称之曰惠人也。然则圣贤之意，断可识矣。"又《与陆五台》曰："使吾为刽子手，吾亦不离法场而证菩提。"愚按，吏治败坏，则民之良者、弱者皆受摧残，甚至填沟壑。莠民奸悍揭竿为乱，极于生灵涂炭。地方有司即郡县守令。本亲民之官，能修其职则小民之导师也，贪污无能则小民之蟊贼也。故保民之政，莫急于稽察吏治；欲吏治修明，莫急于严法矣。江陵言治吏如治军，至论也。

汉初承秦乱，治尚简严。明初承元人屠毒，亦以简严致治。江陵承嘉靖衰乱，为治亦主简严。夫衰残之极，民患疲顽。疲者力竭而神昏,故有顽劣之象焉。疲顽之民,其教育不宜导之于浮泛驳杂,而贵以正知正见引归专凝,养其神智。其政令切忌懈弛,而当严绳墨以振其浮昏之气,纳于规矩之中。衰乱之余,治贵简严,必然之理也。民国承亡清之弊,国体、政体乃至一切法度变革纷纭,不知纪极。教育则自学校至社会,朝袭此家之皮毛,暮掠彼宗之外表,肤谈异说,不可究诘,可谓浮乱至极,难与语精简之义也。学校无严师,教授、生徒有以私利相结纳,无以学行相切劚。政以贿成,居上者怀私以庇巨室,任其毁法乱纪,覆国绝类而无悔。政令荡废,奚止懈弛,尚可期以谨严之度乎?近观民国而后知江陵简严之论宏深剀切。

孟子曰:"上无礼,下无学,贼民兴,丧无日。"此当时六国普遍情形,不独齐、梁如是也。孙卿称美秦政整肃,而复太息之曰:"秦其无儒耶?"无儒者,言其无礼也。夫秦政整肃,故可以并六国。然严法之弊,至于礼意尽丧,则人失其性,而国无与立。盖庄生有曰:"是恶知礼意!"此言卓矣!庄生诵法孔颜,其学实有得于儒也。夫礼意者,和而已矣。和者,仁也。仁者,于一己外知有民物,而视其痛痒若在己也。故圣人顺人情之所同欲者而为之制礼。与子言问安视膳之礼,则以凡为子者,莫不欲其父母之安饱,故顺凡为子者之情而制问视之礼焉。与父言慈而制易子而教之礼,则以凡为父者皆欲与其子终始全恩爱而不便教责之也,故制易子而教之礼焉。乃至于人群或万物相酬酢处莫不有礼,亦因人情皆欲人己相得、物我无间也,故称其情而各为之礼焉。是故礼者,因人情之所同欲者而为之,非圣人以己意为之也。唯然,故礼顺人情之公,所以达和也。礼俗已成,而有不循礼者,于是乎制法以绳之,期无失礼而已。故法意本于礼意,其原于人性之和则一也。秦人严法而无礼,其法流于束缚与惨酷,则人性失而皆为动物矣。孙卿所以兴叹也。秦人能并六国,乃历年十五而秦亦继覆。孙卿之叹有以哉。江陵行法,原本礼意,上则裁抑帝权,下则严惩大小臣工之不法与失职者,而于地方豪强兼并等弊及贼民之害群者尤严刑无赦,使天下勤苦善良小民皆有自伸之几,而出水火之厄。唯然,故法之所加,必其罪有应得。如其行事,不至以一己之私欲而害于人情之所同欲者,断无触法网、罹刑辟之患。江陵未尝为一切束缚之法以刍狗万物,如商鞅、秦孝、韩非、吕政之所为。江陵至此为句。故谓其法未离于礼也。且江陵功在天下,泽及群黎,而始终守辅臣本分,伯侔且固辞不受,其出任大政,纯由救世本愿,而无一毫权位之私。至其以师道自尊,则一变二千余年人臣之奴习。秦以后,宰相真能以礼自处者,江陵一人而已。江陵秉礼以正朝廷,故可执法以正百官,以正万民。此儒者之治,所以异乎暴秦也。

明代中叶以后,官吏畏葸溺职,不肯捕治贼民,此实酿乱之源。江陵当国时,严令地方官弹压奸宄,拊绥善良,其患渐息。

夫致世理平莫急于兴学。古者《大学》之教三纲八目,以明新立体,以格致起用,广大精微,万世不易之准也。理学家于立体工夫未尝无,而有欠缺。于致用更缺,以其不务推致良知于事事物物上去,即无格物工夫,所以没有作用。夫用亏即体亦亏,故云立体工夫有欠缺也。江陵以理学家侈为空谈而不识事理引为深恨。《与南京司成屠平石书》有曰:"夫昔之为同志者,仆亦尝周旋其间,听其议论矣。然窥其微处,则皆以聚党贾誉,行径捷举,所称道德之说,虚而无当。庄子所谓'其嗌言者若哇',佛氏所谓'虾蟆禅'耳。而其徒侣众盛,异趣为事。大者摇撼朝廷,爽乱名实,小者匿蔽丑秽,趋利逃名。嘉隆之间,深被其祸,今犹未殄。此主持世教者所深忧也。"万历三年《论学政疏》曰:"今后各提学官督率教官生儒,务将平日所习经书义理着实讲求,躬行实践,以需他日之用。不许别创书院,群聚徒党,空谭废业。"愚按,江陵责理学家空谈之病,而思挽之于实践,其所持甚当。唯废书院一事未免失于过激,而失策矣。江陵本非反理学者,《与周友山书》曰:"今人妄谓孤不喜讲学者,实为大诬。孤今所以上佐明主者,何有一语一事背于尧、舜、周、孔之道? 但孤所为皆欲身体力行,以是虚谈者无所容耳。"又《答谢道长》云:"阳明先生从祀事,好事者诋之,其言粗浅可哂,然何伤于日月乎。"据此可见江陵本无恶于理学,但当时谈理学者不了解江陵立法之意,妄生非议,遂激江陵之怒,故有毁书院禁讲学之令。江陵于此似少远虑,倘仍书院之规,许聚才讲学,但根据《大学》教法,上酌晚周群儒诸子以立学规,通内圣外王而一贯,树博文约礼之良模,博文非读书之谓。古籍有天文、人文与鸟兽之文等词,博文即博察天地万物之理,广其知也。约之于礼,以笃其行。或得创开一代学风,培养特殊人才,使群俗由兹大变,未可知也。惜乎江陵徒注意政事,而于学术思想未曾致开导之力,是其短也。江陵盖恶理学者流阻挠政令,故禁讲学。殊不知学术思想毕竟宜自由。当道者于学校之教,尽可虚怀博访海内睿智通识之儒,相与究天人之际,通古今之变,融会百家众派,以定教育宗旨,而端学者趋向。除有伤人道之邪说外,其诸殊途异宗之学各有所明,各有独到,听其互相观摩、互相绳纠、互相取舍、互相融贯。如此，则学术日进，真理日著，而群治日臻于至善矣。倘不务此而以禁止讲学，取快一时，绝生人之慧，塞大道之途，人类之患，未知所底也。江陵以儒者而佞佛，其所得于佛氏之宗教精神甚浓厚，此可由其勇于担任天下安危之愿力见之。宗教尚独断，故学术思想自由非其所注意也。

三、以整军为图强之本。中华立国数千年，而外患常在北部。此云北部，包括东北、西北二隅而言。秦以后，外夷蹂躏神州者，殆无不从北部入关。大凡外力内侵，恒由朝政昏乱、民心涣散所致。如国家励精图治，则任何强敌皆不足为患。此历史上铁案，不可移也。明代自嘉靖中年，虏患日深，边事久废。江陵早忧衰宋之祸将再见，故其以身许国，首以整理军备为急务。然军备充实，必由政治修明。易言之，必政府领导国人以自治，使国力强盛，庶几军备足而军威振也。江陵深见及此，故《陈六事疏》有曰："今之上策，莫如自治，而其机要所在，惟在皇上赫然奋发，先定圣志。圣志定而怀忠蕴谋之士得效于前矣。"又曰："臣之所患，独患中国无奋励激发之志，因循怠玩，姑务偷安，虽有兵食良将亦不能有为耳。臣愿皇上急先自治之图，坚定必为之志，属任谋臣，修举实政，不求近功，不忘有事，熟计而审行之，不出五年虏可图矣。"愚按，此疏上于隆庆二年。是时江陵初辅政，大权未属，不得不以自治之图、必为之志责望于皇上。皇上如无远图与定志，则无以作天下之志气，定臣民之趋向，而人心日习于玩愒，天下遂成自溃之势，寇乘其敝而国危矣。及万历初元，江陵受顾托之重，渐以元辅专国政，于是以自治之远图、必为之定志领导国人。虽天下相安于偷息委靡之日久，骤若不胜其严厉，久之亦自趋事赴功,群情奋励,欣欣向荣,而修举废坠,粗定治强之基。盖自是乃有军备可言。此其操之有要,持之有本故也。至其整军之计,属于军气者有一,属于军费者亦有一,属于边防者有三。整饬军气一者,曰挽重文轻武之弊,以优礼将士。异时,将权不重,功罪赏罚不核。又或苛细,使人不得展布。凡有罪当诘问,辄以武弁当之。人视将士易与,将士亦以此自轻,不复振耳。江陵首请于上,以定整军远谟。假督府一切便宜,不数易置,时时出玺书、金绮相慰劳。有壮猷宿望,屡立功破虏者,即赐召还,不欲尽竭其力。大将军进退予夺,皆取自上意。下至偏裨,亦皆假以重事权,罢监军使者,令文吏毋得摧沮。往时,司道牵制边将辄偾事。今制,因司道致败者,即司道与将士同罪,不少贷。又赐将士养廉田,出帑金数十万劳军。谓建议者与受事者多意见不侔,往往诏建议者即经略其事,徐考其成。大将军有冲陷折关、多立奇功者,不爱通侯之赏。每勒边吏,乘时修战守,持重安详,示虏闲暇,毋得张皇调遣,徒罢劳士卒。又亲理营兵,罢班军输作令。凡此,皆所以重将权、振士气,至今不可易也。其令建议者即自任其事,徐核其效,尤为良法。至于军队编制,则有禁兵、入卫兵、_{自外省来入卫京师者。}蓟兵、南兵、浙兵、福兵、忠顺军、山东民兵、狼兵、苗兵、所在标兵、水兵,往往因地招募,即令自成军,使相保聚。且各种兵勇怯相较,亦有砥砺之效,此亦振作军气之微权也。

整饬军费一者,曰澄清政治,财用自足。往时禁纲疏阔,宰辅纳贿,朝廷昏乱。外省抚按及边帅尤而效之,贪侈日甚。地方有司献略于上,而取盈于下,益无忌惮。自江陵当国,幸门尽塞,朝房接受公谒,门巷间可张罗。文武百僚,凡有馈赠,不唯拒绝而已,且赐书告戒,示以修己奉国之道。于严厉之中,含肫诚之意,使人感激,不忍不自爱。唯其自修如是,故上可以谏诤皇室,凡宫中恩赏及不急工程,皆受制裁。皇太后作佛事过多,亦须省减。凿上房山云梯二百八十级,纽以铁絚,修建绀宇,工程浩大。治芗民国初游其地,考其年月,则江陵去位后事也。因此,乃可执法以治天下。向者朝廷议论多而鲜成事。中央以至地方各级机关,多填委簿书,不肯奏报天子。江陵始询事考言,以言核事,以事核功。若事不可猝举,须为久计者,必校量程功之繁简、难易、多寡、久近,以陈督府诸司。按期报成事,不许故缓其难者大者以遗后人,不许以琐屑之务苟应诏令。以故百官咸凛凛奉法,毋敢失职。诸有功者必赏,有罪者必罚。官吏唯以功效自见,无事结纳夤缘,无敢奢靡。贪侈既熄,则公家之事,无大无小,一切皆认真核实,克期举办。无浪费,无浮报。否者,则有刑罚随之。如万历七年治河工程,沿河十余大郡,地既辽远险阻,土堤石堤并作,路线太长,建闸又不一处,皆艰巨异常。朝野聚议,历年久而难决者。江陵起用潘季驯,仅逾年而告成事,计费不过五十余万,省羡金二十四万以归。此在昏乱政府为之,虽历数十年,费千百巨万,犹复无成,可断言也。向时驿递,诸有势者,其眷属或知交皆可私用车乘马匹。掌驿小吏莫敢谁何。今令文武大僚,非公事必须,不得擅用,违者严罚。参考江陵书牍。士大夫虽历郡国,无敢驰一轺传。上峰使令到县,不许淹宿,致耗食用。凡赋车籍马之费,岁省甚巨,即国帑所撙节甚多矣。向时各机关官属甚盛,出令者多,任事者鲜。今汰冗员什二三,用一事权,绝人观望之私,岁省虚糜之俸又甚巨。向时豪猾兼并，拥田甚多，而抗粮匿税。有司不敢问，徒苛索贫苦小民以补赋额。今法严惩豪强，又行清丈，按亩征粮，而豪猾不得抗匿，小民无重税之苦。又郡县岁入，皆钩稽其数，吏胥所乾没若干，皆处以严刑，悉令缴还，无得逃匿。以故不加赋于民，而国家岁入甚足。向时款房务顺其欲，劳民伤财，徒使房益纵欲而轻上国。民国时，遇外宾来，盛设供张，无所不至，且多毁民房，以盛饰于外宾经过之道。每岁之中，此类费用甚巨。不悟我修其政，而外人自敬畏，不当献媚。我不自立，媚之，徒自取亡而已。今则驭外夷甚严，遇事必我自为主，万不可为外夷所制。我先自治，有备无患，万不可顺房之欲，致损国体启戎心。以上须详考书牍。故款房极简约。如蓟昌，每岁所犒房不过二万七千六百而已。蓟镇向时房患最剧。今房来效顺，而岁犒之不过如此，其他益可知。至于清理兵饷及减客兵不堪用者，又岁省数十万。向时皇室内府铺垫等费，常有侵耗。今则内库诸阉皆已清汰，库夫积猾者皆已枷毙。铺垫等费，率省十三。甚至应天府起解布匹来京时，官为亲验，不容奸徒揽解侵渔。见《答应天巡抚胡雅斋书》。综上所述，可见江陵当国时综核极严。以如此广博伟大之国家，而上自中央，下至地方，无量机关，一切政事不论为大为小，一切用费不论为巨为细，无不钩校其数，责成当事之人核实以善其事，无有丝毫妄费。虽皇室内府铺垫之费，亦清除弊孔。库夫积猾，至施枷毙之刑。以此风示天下，其孰不凛凛奉法，而敢挟奸心哉？如此大国，政治如此整肃，政费如此精检，一丝一粟无有虚耗，国用焉得不足？嘉靖季年，太仓所储无一年之蓄。江陵执政后，公府庾廪所委积，至粟红贯朽，足支九年。仅以其赢余数十百巨万，征伐四夷有余矣。夫政治不良,军费无可足之理。政治修明,军费断无不足之理。江陵去今近五百年,而后嗣不知取法,诚可痛也。

整饬边防三者,一曰选择边吏。边地政治好坏,关系国家安危。故凡边区,上自抚按大吏,下至地方有司,必慎选人才而久任之。边吏不得其人,则政乱而民散,反以资敌。又或好事者轻与敌人启衅,致为巨患。清季迄于民国,吾边省同胞离心,实由边区长官以至下吏俱贪污无能者为之,侵苦群黎,不知绥抚,用使边民涣散,国势频危。识者不止为贾生长太息也。江陵于边省抚按及司道,皆简任贤能,地方有司亦必选材授职。衰老不堪任事者,不令就职边方。京朝官不得与外官通馈遗或请托。违者,有能告发,即厚赏告者,而违法者悉议处。暴官墨吏,下所司论罪,悉如法。然禁诽谤,理诖误,许所系治者得执奏。设告者失实,或有异同,必令推详得实。有赏罚疑误者,许觐吏得廷辨之。凡此皆全国大小官吏共同遵守之法令,而于边区则尤恐疏于稽核。江陵有"吾尝一日神游九塞"之语,不独虏情军务,一一烛照,而于边吏举措得失,尤所注意。因此边方无失政,而边民无异心,内宁则外患自绝,故四夷咸服,九边安靖,实以政事为军事之本故耳。

二曰团练乡兵。内地有乡团教民习武,可御盗贼。骤有夷祸,亦足抵抗。边地乡团即汉时屯政是也。江陵《答蓟镇总督王鉴川书》有曰:"承示大疏八事,屯政最要。今之议者,皆患兵冗,_{按是时边患甫熄,故妄人有去兵之议。}一切务为清汰节缩,窃以为过矣。天生五财,民并用之,谁能去兵?孔子称必不得已而去。今之时,非有甚不得已也,乃不务为足兵而务为去兵,则唐之季世

145

是矣。然足食乃足兵之本。如欲足食，则舍屯种莫繇焉。诚使边区之地万亩皆兴，三时不害，但令野无旷土，毋与小民争利，则远方失业之人皆将襁负而至。家自为战，人自为守，不求兵而兵足矣。此言似迂，然在往时诚不暇，今则其时矣。"愚按，江陵甫平房患，而朝臣遽议去兵。自古以无知祸国者，可胜道哉！边区屯田制度，即内地之团练，倘得贤将吏认真举办，使边民于农牧等闲暇时讲求战守，真永世之利也。民国初，屯边之议甚嚣尘上，转瞬声响俱寂。近代吾国人好浮议而无实力，甚可痛也。

三曰并守墩堡，令民收保，时简精锐以伺虏，乘便击之。大抵墩堡之守，对西北番族、两粤瑶僮最为有利。盖西番粤瑶虽不必能为大寇，而破坏地方秩序，危害边民生活，其为患甚大。必择要地，多设墩堡，军民合力防守。又用熟番为哨备，方可阻其进犯。江陵《答三边总督论番情》云："狐鼠鼪鼬，潜伏岰林，穴居险阻，非可以力胜者也。制御之法，唯当选任谋勇将士修险阻，明烽燧。责成近边熟番远为哨备，厚其赏给。有警，务先觉、预备，奋勇追逐，必令挫折，则熟番畏威怀德，而生番自不敢犯。"又曰："但一创之，以泄边人之愤足矣，固不能草薙而兽芟之也。"据此，则对番瑶甚为宽大。然墩堡不唯可御番瑶，即强虏犯塞，亦赖有此。从来大战役，皆须地方民众协力。如边地军民在平时对墩堡防御法讲求有素，一旦临大敌，则有助于国军者不少也。

上述边防三款，江陵在隆庆时上《六事疏》中已提及之，后来乃渐次实行。《答总督谭二华论任事筹边书》可见墩堡一事乃力排奸究而后成。当时所称，幅员千万里，皆重垣密树，如长蛇委蛇，覆荫中路，行人可万里不持寸兵。又谓西自嘉峪，东至山海关,延袤万里,崇墉密雉,如天险不可升,虏无能�..入。见《江陵行实》,其子张敬修等撰。足见边区宁静,得力墩堡为多也。今后留心国防者,尚宜参考。

军事与外交联系最为紧密。故江陵外交政策不可无述。上考汉唐,武帝太宗二主军力最盛,外交易办,而皆不废和亲之策,可谓拙劣至极。胡人杂居内地,自东汉始,遂为典午祸胎。汉人昧于外交,种斯恶果。宋人始联金伐辽而亡于金,继联元灭金而中夏始全没于元。论者归咎宋之外交失策。其实宋人根本无自治之实事,无自强之固志,其外交确无从着手。辽既不振,而宋亦不堪自树,虽联辽拒金,终不可能也。后来金人颓势,复如昔之衰辽,而宋之无以自树,又甚于其前,虽欲联金拒元,亦终不可得也。合多数垂毙之夫,不可抗一个壮者,此必然之势也。世言弱国有外交,往往不深考。本为弱国,而今发奋图强,以刚毅不挠之力、光明俊伟之度,内修其治而外示人以不可侮,外交守正义而不屈,人必无敢侮我者。弱国有外交,事实如此。若夫弱国而自安于弱,一切所为皆残民覆国之事,而欲讲外交之术以图幸存,此乃古今万国所必无之事也。宋人始终无自治自强之道,而欲倚外力以复仇雪耻,此其外交所以失败也。江陵学菩萨道度众生,必先爱国。同胞堕没,未能拯拔,空言普度,何忍于心? 此江陵誓愿也。故其以身许国,处处取鉴于宋。政治则痛恨宋人姑息委靡、卑主残民,而矫之以法治。军事则痛恨宋人徒尚虚文、不修武备,而以全副精神注意军政。外交则痛恨宋人始终无自治自强之道,无可言外交。故《六事疏》首以急先自立之图、坚定必为之志陈明皇上,确然自信,绝无震惊,毫不疑怖。大地上圆颅方趾之类同此耳目，同此心思。我苟自立，有备无患，人谁敢侮？即有强寇，吾以力拒之而已。自古未有国不自伐而人能伐之者，江陵与孟轲同一明见。伟哉！伟哉！

考江陵执政时，外交与军事大计，悉默运于彼之一心。南北边区与外夷交涉，皆以当地将帅直接负责，而方略则一秉于元辅。谓江陵。虽亦许其随机因应，而庙谟既定之本图则不许有丝毫逾越。古者人主大政告于庙。庙谟犹云朝廷于一切大计早有定谋也。本图者，谓坚守自立而不受制于人也。如《答滇抚王凝斋书》云："大抵修内治、饬武备，虽边圉无虞，亦不可懈，岂视外夷强弱以为缓急乎？"愚按，国家治强之计，尽其在己，持之以恒，不视外夷强弱为缓急，此立国之常道也。江陵常以此与诸将吏相告诫，不唯指授戎机而已。此其振偷起懦之本也。又《答宣大巡抚》曰："大抵今日虏势，惟当外示羁縻，内修战守，使虏为我制，不可受制于虏。近见鉴川措画东事，颇觉窘迫曲徇，恐将来不可收拾，则为虏制之道也。"按，此言鉴川于东虏未免窘迫曲徇，恐将来不可收拾，是为外交家不可须臾忘之明训。强虏之要索，必不可曲徇，更不可自形窘迫，唯当示以雄毅不屈。我若窘迫，则彼之要索将愈甚。我若曲徇之，则不至国覆种奴而不止。江陵卒量移王鉴川，不听其措画东事，又戒后任曰："豺狼虎豹亦有豢养于苑囿之时，然毕竟笼槛之、锁系之，时给与肉食而已，非可效鸡豚犬马可扰而狎也。"愚按，外交之术莫如江陵此譬。夫给猛兽以肉食者，吾固有以利之也。无以利之，猛兽必不游于吾之苑囿也。毕竟笼槛之、锁系之者，知猛兽不可扰而狎也，吾乃有以制之也。若人不能制兽而制于兽，即遇噬矣，可不慎乎？夫两国之交也，互以利相啖，互以力与术相制，则两俱无伤也，而受制于人者必危。江陵真千古大外交家，取譬极妙，非上智神勇，其可与语此哉？

江陵似有四夷情报处之组织，虽史传不见明文，然其有此种办法则确尔无疑。余从其书牍推考，彼于此广博伟大之中国，由东北至西北皆狂狡逼处，复由西番迄西南群盗，称王称帝者所在多有，而粤闽浙之海盗、倭寇又纵横沿海数千里。环四周辽阔而极复杂之夷情，其强弱之势、狡变之奇、离合之诡、乘吾隙而图犯之几，诸边帅往往有探报未确，而江陵则一一烛照而数计之，不爽毫发。虽复神智过人，然若无各方情报，彼将何所依据，而可任胸臆以作判定乎？汉以来当国之英，知留心四夷情报者，吾必以江陵为第一人。余揣彼之措划，大概一方面责成诸边将吏培养熟悉夷务人才，一方面必于其左右亦多有此项人才。彼可以边方探报之资料与左右访察之资料互相推勘而得其实，是以安坐中枢而能明见万里外，总持大计，指挥边帅，算无遗策也。嘉靖季年，朔北虏患最深，此中朔北包括东胡及西番而言。常有动摇京师之惧。及江陵重创之，诸边始归顺，多有请封号、乞贡市者。然古者胡人贪残少信义，挞之则投诚，缓之又将图变。江陵谕诸边帅勿遽允虏之求，诸请封号者，必熟审其无异图，又缚还我叛人，始授以王号为藩属。但决不许虏人移居内地，以绝后患。贡市之求，不一概拒谢，亦必详察虏情而后许。至通市时，仍谕诸将严阵以待，有纵掠则击之。朔北万里无烽烟，猗欤盛哉！两粤群盗据险自王，屠毒百姓，历朝为患。江陵首先整饬吏治以遂民生，又访问地形、贼情，亲选良帅，授之方略，卒一举荡平，西南底定。海上之忧,则以闽粤二省将吏各自贪功,至于纵寇。江陵侦悉此情乃推诚心晓以公义,喻以公害,又严明赏罚,以劝有功,以惩有罪,于是海上肃清,东南高枕。是故江陵安边之效,将将之略,虽缘治国务本,雄才出类,而情报之助亦不可忽也。然复须知情报固可为外交、军事之参考,然立国若无正大可久之良规,仅恃情报以图人,则鲜有不败者。如日人利用所谓中国通者悍然谋兼并,卒以自覆,此亦不远之鉴也。夫为立国正大可久之规者,必眼光不拘于近,神智不蔽于私,大勇不屈于强。能此三者,始可以定国是,立国本,足为群生所托命也。江陵外交与军事政策,以制夷而不制于夷为主。其不制于夷者,所以自强自固也。其制夷者,未尝夺其土地、劫其资源、奴化其人也,但使之安于其所,不为吾害而已,亦所以自强自固也。如《答王鉴川论东虏》云:"把都、吉能一时俱殒,黄酋亦且病发。天之亡彼,于兹见矣。但在我处之,须以恩信。"据此可见江陵大公之度,方欲绥抚衰夷,助其自立。又《与山西崔巡抚》曰"今之虏情与昔不同。昔未臣服,故可用计处。今既为一家,凡事又当待之以信,谕之以理"云云。晚世强者待弱国,有如江陵之以诚信待人者乎?夫自强自固而无侵人之私欲者,是吾古圣人以正大可久之良规而立国也。近世希魔及日本军阀如有见乎此,何至毒弥天下而终于自祸其国乎?江陵盖守古圣人之遗规,故其力虽足以鞭笞四夷,毕竟以御侮而止,终不谋人之国也。今世界虽大通,而全人类大同太平之运犹相去甚远。员舆众国,必取法吾古圣立国之规,弱小求自强,而强大者勿挟私以狂逞,共守国际信义,无有小大强弱,一切平等,毋相侵欺,久之则大同太平可期矣。或问:"吾古圣人未免缺于进取。"答曰：周之盛也，四裔遐荒皆沐中夏之文教。汉唐之盛也亦然。汉明帝时，四夷多遣子弟入学。唐太宗时，外夷来学者尤盛。明有阳明学派，而东邻新兴人物多出于是。此可谓之退而不进乎？吾未闻人类自残、返于鸟兽可云进取也。

今人称江陵外交者，谓以佛教诱蒙人，使之柔化。此乃以小术而测上哲之心，非笃论也。江陵《答宣大巡抚书》曰："虏王求经、求僧，此悔恶归善之一机也。南北数百万生灵之命，皆系于此。天祐中华，故使虎狼枭獍皆知净修善业，皈依三宝。我圣祖谓佛氏之教阴翊全度，不虚哉。"又曰："所求佛经，须有我圣祖御制序文者乃可与之。公可特作一书谕虏王，嘉其善念，曲为开导，示以三涂六道之苦，诱之以人天福果之说，俾益其向化之心，则亦调伏凶人一大机括也。"据此，江陵只欲化其凶暴，使中外相安于无事，此诸佛大悲心也，若谓以此陷蒙人于柔弱，即未免推求太过。江陵固佛氏之信徒也，岂以此自陷乎？日人受佛教于吾国，其民族之武士道精神，反以皈依三宝而益加强，则又何说？中国五族本同源，而满蒙回藏僻在塞外，文化向未发达，故常有兄弟阋墙之患。江陵对塞外交涉，于其内侵也，则以夷虏视之，以力与计挞之。于其归顺也，则亲之为一家，待之以信义。固未尝以敌意驭塞外兄弟之族也。

江陵晏坐中枢，而总领全国军旅，遥授方略，以平定四夷。其将将之本领，视汉高、唐太、明祖而无逊矣。江陵自谓"吾常一日神游九塞"，虽灵智天纵，而其学养亦未可几也。《与李中溪书》曰："居正以退食之余，犹得默坐澄心，寄意方外，如入火聚，得清凉门。以是知山寺幽栖，风尘寓迹，虽趋舍不同，静躁殊涂，其致一也。"又《与胡庐山》曰："近时学者皆不务实得于己,而独于言语名相中求之,故其说屡变而愈淆。夫虚故能应,寂故能感。《易》曰,'君子虚以受人','寂然不动,感而遂通天下之故'。诚虚诚寂,何不可者? 唯不务实得于己,不知事理之如一,同出异名,而徒兀然欺然,以求所谓虚寂者,宜其大而无当,窒而不通矣。"据此,则江陵确有静存工夫。此中静字,非与动对之静。盖无事时固静,百务纷乘时亦是静也。惟中恒有主而不昏乱故也。不舍事而求悟,故乃即事见理,亦知即理成事。故通于理者便善其事,事理如一。江陵得力于《大易》与《华严》者深也。然则江陵之圆照无碍、肆应无穷者,匪唯天授,其资于学养者深矣。汉以来二千数百年人物,有学养以为事功之本者,诸葛、阳明、江陵三人而已。葛公、明翁俱醇,而江陵大有霸气。然本原透澈,霸气无伤也。江陵《与周友山书》曰："不谷平生于学未有闻,唯是信心任真,求本原一念,则诚自信而不疑者,将谓世莫我知矣。"此不欺之言也。夫本原未得而以霸气用事,则天下之凶狲耳,吕政是也。已澈本原,则信心任真,同体万物,以大力掀翻天地,使万象昭苏,已无私也,动无妄也,谓之霸气亦何伤日月乎? 方今全世界万变无极,惊涛骇浪,不足为喻。倘葛公、明翁复生,虽于全人类不无济,要不如江陵旋岚倒岳手腕,荡凶除秽,早令生人得所耳。余生而孤穷,十岁始读父书,已有澄清天下之志。唯性情迂固,难与世为缘。久乃自省,吾之识足以知周万物而会其总、洞其微,吾才过短,不足以莅众而应变也。识者无为而鉴理,才者有为而开物,能兼之者罕矣,于是决志学术一途。衰年际获麟之运,缅想江陵,而向慕不容自已也。

与友人论张江陵

附识：向者梁任公盛称曾涤生，以为古来罕有其匹。此浅夫之论耳。涤生无神解，学术浅薄，其为人则有如傅青主所谓奴儒之行者乎？世称其幕府善养才，有长人之识度，然何尝有真才乎？涤生欲取法湘之先哲南宋吴猎，而终不似也。又近人言外交，或颂李鸿章。李氏固喜用术，而无经纶天下之大经，则其术不足尚也。李氏颇有气概，而其中未免累于俗，非真能不馁者，故其术每失之卑。闻沈葆桢氏抚江右，民众伤毙教士，西人逼令拘获肇事者，置之死。沈佯诺之，而仍听民间聚众反抗，卒使西人放弃原议。此虽一小案件，然当国者能不遏抑众志，则遇外人过分干涉，方可以民众为后盾与之力争。若民众失其自尊自信之志，则对外将毫无办法。若沈氏者，优于鸿章远矣。

江陵不唯善将将也，而其陶养人才之作用尤为伟大。余少阅《唐书》，见隋世亡国之臣入唐多为名佐，意太宗于文武臣僚必有熏陶含养之功，惜其详不可得而考矣。上稽诸葛公，常手敕属僚，公诚之心，形于文墨。百世下读之，犹有感焉，况与之并世而供事其间者乎？兹阅江陵书牍，每若电疗之起吾沉疴，不能言其所以感也。孤怀宏愿，至诚谋国，不知有身家，不知有权位，_{江陵于勋爵一无所受}。唯欲措国家于磐石之安，使元元皆遂其生，外夷无内侵而已。此一根本精神横溢字句间。人非木石，谁则无感？至与文官论治理，与武官授方略，伐其私，开其壅，示之机宜，喻之理道，犹复奖以勋名，申以法纪，义严辞婉，意思深长。中材感奋，勉造乎上无难矣。略举数事，以见循循善诱。如《答陆五台》

153

曰："承盛仪,谨璧诸使者,幸惟原亮。按此退还其馈赠也。仆自受事以来,日夕兢惕。凡事关宗社生灵,按古者国亡,则宗庙社稷俱废。故言宗社即指国家而言,生灵犹言人民。必斋心默告于上帝二祖而后行,不敢告者,不敢为也。诚以人臣之义,靖恭匪懈。况仆今处多惧之地,当至重之任,敢不畏乎?"又《与李渐庵》曰:"明兴二百余年矣,人乐于因循,事趋于苦窳。又近年以来,习尚尤靡,至使是非毁誉,纷纷无所归究。牛骥以并驾而俱疲,工拙以混吹而莫辨。议论蜂兴,实绩罔效。中略。按清季迄民国之弊,又不止于此矣。故仆自受事以来,一切付之于大公,虚心鉴物,正己肃下。法所宜加,贵近不宥。才有可用,孤远不遗。务在强公家,谓国家。杜私门,省议论,核名实,有言必考其事,任事必核其功。以尊主庇民。率作兴事,亦知绳墨不便于曲木,明镜见憎于丑妇。然审时度势,政固宜尔。"详上二书,与人相见以心,且自明新政旨趣,使人知所率由。明中叶以后,士大夫不务实学而好使气,竞尚浮昏之论。外省或边方要政,部臣每从中牵阻。江陵《答蓟镇总督》曰"近来会士大夫,未尝不一一为譬晓。但今人任事者少,识事者尤少。任事者真见其事理之当为,而置是非毁誉于不顾。不识事者未睹利害之所在,而喜为款言臆说以眩名。两者相与,宜其说之哓哓而不可止也。世事如此,可叹可虑。大工垂成,不可终止,望勿生退悔"云云。考蓟镇修筑墩台,本边防重要工程,而兵科乃始终欲罢之。虽工已将竣,仍欲再下督抚议罢,却忘嘉隆间虏骑迫近京畿之惶恐。科臣无知至此。江陵力主于上,而函勖督抚勿生退悔。此其所以能坚任事者之心也。江陵虽严峻,而朝臣不晓事者太多,亦无从汰除,但毅然独断,不为若辈所挠而已。《答吴环州书》曰："无识言官，动即建白，及与之论边事，一似说梦。近有一科臣，闻辽虚报，遂欲防守京城，浚壕堑，掘战坑，以御虏者。虏在何处？而张皇如是，使人闷闷。此疏若行，岂不远骇听闻，取笑夷虏？孤子一身，无可与计事者。"又《答粤帅殷石汀》曰："近来人心不古，好生异议，以其媚嫉之心，而持其庸众之见，惟欲偏徇己私，不顾国家便否。即如昨年虏孙之降，举朝骇惧，以为不可纳。仆曰，纳之而索吾叛人，可尽得也。按赵全等叛而降虏，说虏大举入寇。如不索还戮之，后患甚不可测。贵州之事，抚臣请兵请饷，众皆曰可许。仆曰，此渠叔侄间争杀耳，不足以烦朝廷。古田密迩省会，蕞尔小丑，敢戮长吏，不容不讨。众皆曰剧贼据险，兵力所不能加，即欲除之，非集数省之兵，费五六十万不可。仆曰不然。吾知殷公必能办此，诸君但观其必能破之。此三策者，皆大违众议，而仆独以身任其事。乃异议者犹欲搜求破绽，阻毁成功，以快私旨。嗟乎，人臣为国忠计，可如是乎？"按江陵在隆庆时虽参大政，而资地犹浅，不获专政，其时群盲在朝，欲与之为难者多矣。上来但略举数事，以见其概。实则明中叶后，士习浮虚，在朝少识事任事之人，在野亦皆不解事而树私党逞空谈之名流学者。王船山谓此辈不惜卖国，亦非苛论。江陵在如此运会之下，毅然欲有所为，虽不惜犯朝野群昏之积谤深怒，而其险阻艰难，可以想见。后来熊襄愍便由党人与朝臣相结以置之死。清乾隆帝曰，明朝不杀熊廷弼，我家不得入关。明季士大夫气习浮昏，由来者久。江陵及身幸免，没后仍蒙祸。天下大矣，而不识事理者过多，识事理者太少。怀私而无正义感者过多，心存乎公而恻然凛然抱正义感者太少。江陵以雄才善应，渐取政权，毅然镇压朝野群昏而为救亡之图、强国之业，此其强力、超识，盖非一般英雄人物所堪企及矣。《答学院李君》曰："秉公执法，乃不谷所望于执事者。至于浮言私议，人情必不能免。虽然，不容何病，不容然后见君子。不谷弃家忘躯，以徇国家之事，而议者犹或非之。然不谷持之愈力，略不稍回，故得稍有建立。得失毁誉关头若打不破，天下事无一可为者。愿吾贤勉之而已。"《答周友山》曰："今世人臣，名位一极，便各自好自保，以固享用。至哉斯言！学者于此放舍得下，知一己享用以外，更有其远者大者，能确然自信，服行勿失，便可为天地立心、生民立命，为万世开太平，非谫见谀闻所可窥也。佛氏立位圣果，以十信为初地，直至超登果位，不过圆满起初一信字。愿执事于此自信而已。"据上二书，可见江陵所以己立立人者，其求端用力之要，全在克除小己利害得失计较之私，方得卓尔有立处。曾涤生便惴惴焉为一己享用计，未尝为国家前途虑，所以为奴儒也。此工夫，须自信方堪作到。吾信吾自力。上不信天，下不信地，直内自信，则天地化育，待我参赞。而我不听命于天地，况其他乎？自者，自我。此大我也，非七尺形骸之小己也。拘小己，则灵性锢于七尺之形，而利害得失，种种系缚，如蚕作茧自困，如蛛造网自陷，一切无可动转，何有自力可信乎？唯超脱形骸而信吾内在灵府自有无穷德用，灵府，即谓灵性。以其含藏万有，故谓之府。成己成物，经天纬地，一切盛德大业，皆自灵府发用流行。此乃内府自觉自创，内府者，灵府之别名。力用无边。佛氏所云如来藏是也。于此信得及，诸有所作无不成办。夫内自足者无所怯畏，故自信为要。人未有失其自信力而能有立者也。江陵以此勖僚属，得其本矣。

与友人论张江陵

　　关于兴起事功方面，江陵必责成各该主管之长官躬亲督率属吏，克期实办。书牍中有《与总宪凌洋山》云："辱教种树事，边臣搏美虚套，大率类此。中略。初时人建此议，仆即语同事者曰，种树设险亦守边要务也，但只如议者之言，决无成效。同事者颇不谓然。今已数年，迄未见有一株成者。即如台工一事，按台工，即墩堡处筑台为守备，虏不得入也。当时若非仆力排众议，以身任之，二华与公殚力运思，躬亲督理，则今亦当为乌有矣。天下事岂有不从实干而能有济者哉？国家欲兴起事功，非有重赏必罚，终不可振，如犹玩愒。则仆自请如先朝故事，杖钺巡边。人臣受国厚恩，坐享利禄，不思一报，非义也。何如？何如？"据此书，可见官场搏美虚套，中国人一向如此。边区种树事，尚延数年。江陵始决心杖钺巡边以督之，否则种树恐终托子虚耳。然以元辅之尊至为种树巡边，则其他大于种树之事万万倍者，决不至听其偷延荡废，可断言也。书中所云初时建议种树者，当是江陵尚未得专政时事，否则江陵决不任其延误数年也。今人盛称左宗棠在西北种树，而不知江陵早行之于明世。至万余里台工，西自嘉峪，东至山海关，崇墉密矮，如天险不可升者，左氏决无此气魄。考书牍中谈及墩台事者不止一二处。当时妒害其成功者甚多，几败于垂成矣。此书言仆力排众议云云，可见此事成之以独断与迅勇，否则必沮于悠悠之口。据《与总督谭二华书》云："墩台可以远哨望，运矢石，有建瓴之便。士无露宿之虞，以逸待劳，为不可胜，乃策之最得者。"又云："紧要墩台竣役，即可议减客兵一枝，则省军费亦不少矣。"江陵慰二华有云："世间一种幸灾乐祸之人，妒人有功，阻人成事，好为异说，以淆乱国是。中略。公之

157

忠赤劳勚，人虽不尽知，我祖宗在天之灵必阴鉴之。愿坚持此心，保无他虞。"二华亲身督工，故慰之如此切至。江陵感人以诚，其谁忍不自奋乎？又运河堤工，南自高邮，北至太行，堤延袤四千余里，两堤峥嵘，屹为巨防，此亦伟大之作也。至于整理丁粮，为一条鞭法，今犹承用不易。与清丈之政，为田赋上极大改革。然皆极不便于全国豪宗巨室，阻力横生。而政治与社会上偏私、姑息、委靡及虚文推脱，种种积久甚深恶习，又皆为豪强援助。一旦欲征服之，谈何容易！破外来寇易，破内伏积寇难。江陵刚毅不挠，执三尺法以荡定群魔。新政以行，小民获庇，功亦巨哉。秦以后二千数百年，政府兴起事功，能以雷霆猛烈之力领导天下臣民，勤勇迅疾实干而用不浪费、事不苟偷者，唯江陵当国时有此奇迹。其计划精密、气魄雄伟、作法严毅而朴实，此等人物在秦以后之中国确为仅见。而明代以来，毁之者曰权相、奸相，誉之者亦只服其才，究不知其为如何之才也。理学家排之最甚，盖出类拔萃，众人固不识也。江陵将去位，清丈有未了者，则函该省大吏云："必急办完此事，吾方好去。"又恐其急促误事也，则又戒以慎重。其公诚感人如此。

　　国家政事万端，如任事者各怀私见，不顾公家，不求真是，则乱亡之祸无可免。江陵对僚属常以此相戒谕。《答台长萧兑嵎》曰："近见督府、察院论牧地事不相下，其言皆过激。天下事非一人一家之事，自宜虚心观理，务求其当，奈何忿争如此？"又《与河督万两溪》云："近有人言，公与督漕不协，两家宾客遂因而鼓煽其间。仆闻之，深以为忧，甚于忧洪水也。夫河漕皆朝廷所轸念者也，二公皆朝廷所委任者也。河政举，漕运乃通。漕运通，河功斯显。譬之左右手,皆以卫腹心者也。同舟而遇风,橹师见帆之将坠,释其橹而为之正帆。帆者不以为侵官,橹师亦未尝有德色,但欲舟行而已。二公今日之事,何以异此?唐虞人才,非独异于后世也,良由舜、禹以克让之道倡于上,合九官十二牧为一人,以共熙帝载,故治功独隆。禹之功,地平天成,万世永赖,及将受摄,举天下之重而让之皋陶,叮咛反复,唯恐皋陶之不已先也。然禹以是而益圣,而颂其功者至今不衰。故曰:既以为人,已愈有;既以与人,已愈多。近世士大夫有才者不少,惜哉不讲于此道,故治亦不古若。夫大道之行也与三代之英,仆未之逮也,而有志焉。仆愿二公之留意也。"又《答宣大王巡抚》曰:"抚镇协和,文武辑睦,边境之利也。"又《答总督方金湖》曰:"近来将官彼此相倾,甚于文职。此中隐情,亦宜徐察之也。"又《答徐太室》云:"仆平生游于宦途,但愿人解怨,不愿人结怨。况本无怨之可释乎?愿公之自信,而薄责于人也。"又《与吴道南》云:"二将之事,鄙怀久已洞然。往事不足深论也。此后愿益务以善养人,为国惜才,以充其与物一体之量,则目前道路自然开通。虎狼夷狄无不可处,何至龊龊疑虑,若无地自容耶?"又《与贺澹庵》曰:"君子履信思顺,平心率物而已。其于世有合与否,命也。若如执事追往虑来,冰炭满腹,宇宙虽大,何以自容?"又《与孙淮海》曰:"大厦之成,非一本之干。仆既已倡之矣,尚赖一时贤士同心和之,庶克有济。奈何人心玩惕已久,溺于故当,蔽于私意,虽心知其当然,而终不能踊跃以趋赴也。今唯积此真意,渐次薰蒸,假以一二年,庶可少变。"详上诸书,江陵告诫文武百僚和衷共济,此乃致治之本。《与万两溪》言"唐虞九官十二牧共熙帝载"

云云，载者，事也。言百官互相熙和，以共成天子所委任之事。此篇之义，至极深广。《答萧兑嵎》"虚心观理"云云，尤为根本。《与吴道南》言"以善养人，为国惜才，充其与物一体之量"，足以消凶人忮害之私矣。《与贺澹庵》言"履信思顺，平心率物"，"其与世有合与否，命也"，直使褊夫有宽休处。《与方金湖》言"将官相倾，亦宜徐察"，知其平日留意调和诸将。《与孙淮海》言"唯积真意，渐次薰蒸"。则江陵自尽其诚，使文武百僚观感而化，正是儒者本身率物之道。圣人言："君子之道，本诸身，征诸庶民。"其视法家相去奚止天壤乎？《答耿楚侗》云："日夕惶惶，罔知攸措，惟虚平此心，不敢向人间作好恶耳。"是其于作圣工夫确有得力处也。《与蓟辽督抚》曰："折节以下士夫，省文以期实效，坦怀以合暌贰，正己以振威稜。"此四语者，尽为治之要。而合暌贰在乎坦怀，义蕴无穷，非反己功深者不识此意。

　　综上所述，江陵教百僚之语，要在去私意褊衷而复人性之通，归人情之公。情或有不公者，私意褊衷为之也。去其褊与私即公矣。故能和衷共济也。性情被凿，此言凿者，伤损义。则灵感不兴，正义感亦不起，灵感最上。如最高的智慧，必富于灵感者乃得有。正义感亦必有灵性生活之人，能去私与褊，始可有之。否则其人只是顽物，不会有正义感。欲其与人和衷共济，不可几也。近世学术与教育偏于追求知识，精熟计算，竞争功利。其于性情方面，盖无事于学，无事于养。此人道之大忧也。性情凿，则人与人失其大通大公之真几，只有各持知见，而以利害相团结。彼一团利害，此亦一团利害。彼一团知见，此亦一团知见。欲其契理于超知之地，孔子曰："吾有知乎哉？无知也。"此意深远。非精于佛氏大般若者，不可与语此。息机于利害

与友人论张江陵

解脱之场,不可几也。而人类乃永无宁日矣。夫儒道广大无边,而不妨综以三德,曰智,曰仁,曰勇。一切恶非勇不去,一切善非勇不成。佛法广大无边,亦不妨综以三德,曰般若,般若,即智慧义。曰慈悲,曰大雄无畏。皆未尝偏重知能,而失其性情之养也。江陵之学,本于儒而融之以佛。故其教人,常在性情处启发,如去私与褊,皆培养性情之学也。善夫!戒贺澹庵之言曰:"追来虑往,冰炭满腹,宇宙虽大,何以自容。"此私与褊之害也。如此,则性情凿尽矣。追维唐虞之盛,只是性情交畅而已,大通大公而已。

附识:性者,言乎生生不息之理也。吾人禀此理以生,天地万物亦同禀此理以生,无二本也。故人若自拘于七尺之形,则与一己以外之人或物皆碍而不通。如能率性而行,即我以外之一切人或天地万物,皆我之情思所自然流通而无碍者。如见人之饥若己饥也,见草木之衰落即弗忍也,乃至游心万物,而可得其理。因吾与一切人乃至天地万物所以生者,无有二理,即无二性,故大通无碍也。《中庸》云,尽己性以尽人性、尽物性,义深远哉!

和衷共济者,决非徇俗情、避嫌怨可云和与济也。和者,以直方大而和,俗情不可徇也。济者,秉至公而济,嫌怨不可避也。俗情嫌怨皆私也,褊也,非通德也,非公道也。朋于褊夫而避私怨,则违万物之正性而失其通。溺于私情而合污俗,则背天下之正义而失其公。不公不通,其有能和济者乎?江陵《与按院林云源》曰:"利于公者,必不利于私。怨讟之兴,理所必有。顾悬衡

161

以运天下,功罪赏罚,奉天而行。此通也,公也。虽有谤言,何足畏耶? 孤数年以来,所结怨于天下者不少矣。恺夫恶党,显排阴嗾,何尝一日忘于孤哉? 念既已忘家殉国,遑恤其他。虽机阱满前,众镞攒体,孤不畏也。以是能稍有建立。愿执事勉之。"据此,则江陵所以得百僚之和济而收治安之效者,唯其不顾俗情,不避私嫌私怨,以大通之道顺万物之正性,以大公之道遵天下之正义。此其所为能以真意薰蒸百僚而有和济之功也。昔四代之衰,四代,汉唐宋明。乘权处势者皆守其褊衷而不可求通,护其私意而不知有公,卒使和济道穷,万物暌违,天下崩溃。此亦图治者之殷鉴也。

江陵有言:"凡事之有益于国、有利于民者,虽极难举,必困勉而成之。凡事之出于过举而行之已有损于国、兆民颇苦其害者,必立即罢之。不可狃于故常,护其私意,惮于除弊也。"大哉斯言! 圣人所以通其变,使民不倦者,如是而已。江陵每戒僚属曰:"政在宜民。"夫宜则举之,不宜则罢之。或举或罢,悉依民意。余故谓江陵独裁,但在行政方面力矫因循与姑息等弊,不得不尊首长之威权以严行综核,信赏必罚,肃清贪污无能,涤除蠹国病民之毒。至其立法,则以遵循民意为主,未尝为一切束缚之法,如商鞅、秦孝、韩非、吕政之所为也。独裁必若江陵而后无病。且江陵之于僚属,非徒以法绳之而已。而手札教诫,以真意相感召,则儒者隆礼之道存焉。

江陵与诸将书牍,高瞻远瞩,洞晰机宜。北徼毡裘之虏,南垂篁竹之夷,谭险阨要害,出没向背,较若列眉。诸将奉其筹策而行者,罔不如志;违者,鲜不挫败。兹不及征述。唯吾国三代盛时,对四夷取防御政策,而不忍行侵略。汉唐盛时犹然。江陵对外夷亦承前代遗规。其与诸将叮咛戒谕者,则以修内政、固边防、严军纪、熟虏情、持镇静五义为最要。如《与刘凝斋》云:"练兵诚急,但行须以渐。多方鼓舞,使人人思奋可也。根本切要在精察吏治,使百姓平日有乐生之心,则临变而作其敌忾之气。"又《与蓟辽督抚吴环州》曰:"近日虏情大略可见。彼之心离势涣,偷活苟安,我则政事修明,内外辑睦。盛衰之机,昭然可睹。故今后不当议守,且当议战。但不宜轻示机缄,令人窥测。"此可见其以内政为本也。边防之最要者,如屯田、墩台诸大政,时以手书慰谕诸将,兹不及录。军纪一事,江陵盖常遣侦骑赴边地考查。如《与督抚刘百川》云:"今人口语啧啧,咸云南兵无纪律,专肆贪纵,宜以军法处之。烽火为军中耳目,最宜严谨。古之为将者,鼓一鸣,即前有汤火不敢不赴,金一奏,则见利可趋不得不退。今平时自为出入,而管军者不知,临阵何以号令之乎?"又曰:"墩军袭杀属夷,墩军,守墩堡之兵也。情甚可恶。宜急枭首,以泄属夷之忿,杜将来之患。"此戒其无端袭劫属夷,将使之雄心,于国不利也。据此可见江陵对边军纪律随在注意,宜诸将不敢懈也。至于侦察虏情,在当时若何训练与组织此项人才,今不可考。然观江陵与诸将手教,则其平日督励边帅,窥伺虏情,至为缜密矣。镇静二字,则自嘉靖中年以后,内而朝廷素无自立之计,一闻边警,即惊惶罔措;外而边将向无斗志,一闻谣诼,便张皇不知所计,朝廷因而震恐。前引兵科闻辽虚报之事,即其证。或劫伤塞外樵牧夷人,虚报边功,兵部竟与厚赏,而不虞大患之在其后。内无以整军,外失夷情、启边衅,皆大患也。江陵既严军纪,固边防,信赏必罚,以振颓风,则又戒诸帅以镇静。盖两军相对,镇静者胜。未战之前,谨修吾备,而持之以镇静。虏不可测吾之机也。当战时而镇静,则神定而气充,自足以制虏也。曹孟德临阵如不欲战然,此其机深者也。江陵《与蓟镇巡抚》曰:"虏情叵测,无恃其不来,恃吾有以待之。昨已申告蓟人,务以整暇,毋劳扰,毋忘备。"又《与甘肃巡抚侯掖川》曰:"制虏之道,惟当视吾备之修否。服则怀之,叛则御之。得其好言不足喜,得其恶言不足怒也。"详此所云,不以虏之好言、恶言为喜怒,唯修吾之备而已,此乃镇静之极也。犹忆二次大战将发未发时,希魔出一好言而举世欣然,出一恶言而举世震惊,可见镇静极不易。

江陵时以手教戒谕文武百僚,所以激其体国之诚,发其度事之智,鼓其任事之勇者,盖无微不至。故能成就人才,兴起事功。从来任天下之重者,罕有此热诚,罕有此本领。

庄生自述其为学也曰:"六通四辟,小大精粗,其运无乎不在。"吾谓江陵之用心于天下也,亦若是焉耳。庄生赞关尹老聃曰"古之博大真人哉"。吾于江陵亦云然。

明自嘉靖中年,国穷而民困。流民甚多。北方塞外群胡,此云北方,兼西北、东北而言。纷纷蠢动,并图内侵,逼近京师者数次。当是时也,朝廷如以大兵四征,则战祸不知所底,而国必自溃无疑矣。江陵练精兵,修墩堡,行屯田,壹意以防御为主,而又善用外交手腕,予之以利,制之以权,柔亦不茹,不欺弱也。刚亦不吐,不畏强也。遂使群胡臣服,宇内晏安,此乃旷代非常之功也。熊江夏襄愍公经略辽东,实秉江陵遗策,故满州惮之。从来似无考及此者。

与友人论张江陵

　　江陵平生留意贤才，一旦秉政，遂竭诚荐拔，而被引者每不知其所由进。《答户部王疏庵》曰："仆平生无他行能，独好推毂天下贤者。自在词林，迨入政府，其所保护、引拔，宁止数十百人。然以为国，非为私也。乃仆以诚心求贤，而人或不以诚心相与。若乃披肝胆，见情愫，一心奉公，不引嫌，不避怨，与吾共图国家之事者，如公亦不多见。向以求归恳切，不得已暂遂高怀，别后惘然如有所失。中略。当此清明之会，忍遂忘情于斯世乎。倘翻然回辙，当虚一席以俟。"《答藩伯贺澹庵》云："夫人才难知，知人固未易也。不谷平日无他长，惟不以毁誉为用舍。其所拔识，或出于杯酒谈笑，或望其丰神意态，或平生未识一面，徒察其行事而得之。皆虚心独鉴，匪借人言。故有已跻通显，而其人终身不知者。"《答大同巡抚贾春宇》曰："仆待罪政府，有进贤之责，而势又易以引人，故所推毂尤众。有拔自沉沦小吏，登诸八座，比肩事主者，不可胜数。然皆不使人知，不望其报，何公之惓惓于仆也哉。中略。夫使公诚以仆为知己也，则古人所以酬知己者，固必有道矣。腆贶终不敢当，仍璧诸主藏，幸唯鉴原。"详上诸书，可见江陵汲引当世人才甚众，而所识拔者又皆出于独鉴。则知人之哲，尤难能也。江陵于有用之才，亦不求备，且善于锻炼之，玉成之。如覃春宇之流，有才而品未必高，今却其馈赠，愧之正所以进之也。又《答刘虹川》有云："仆之求士，甚于士之自求。虽越在万里，沉于下僚，或身蒙訾垢，众所指嫉，其人果贤，亦皆剔涤而简拔之。其为贤者谋也，又工于自为谋。公闻之往来之人，岂不诚然乎哉？胡乃不以贤者自处，以待仆之求，而用世道相与，馈之以厚仪，要之以必从。又欲委之于私家，陷之以难却，

165

则不知仆亦甚矣。古人言，非其义而与之，如寘之壑中。诚不意公之以仆为壑也。以公夙所抱负，又当盛年，固时所当用者。此后阖门养重，静以俟之，弓旌之召，将不求而自至。若必欲如流俗所为，舍大道而由曲径，弃道谊而用货贿，仆不得已，必将扬言于廷，以明己之无私，则仆既陷于薄德，而公亦永无向用之路矣，是彼此俱损也。"细玩此书，辞恳而意严。考虹川曾任郧台，有惠政，以被诬黜退，故馈遗求援。今责之恳至，复勉以静俟，彼忍自弃乎？又有失意宦途，难忘猜怨。江陵虑其消沮，将无任事之勇也，则多方开导，足以拓人胸次。如《与刘白川》云："自弟通籍以来，窃见宦途通塞，咸有嘿嘿者以尸之，或撅而反遂，或引而更颓，或理宜畅遂，或运属乖违。揆之人事，自有相反者。飘风能殒叶于将脱，而不能使劲干立枯。咒师能乘算于宜绝，而不能使修龄转促。咒师欲以咒致人于死，必所咒之人命运临绝，故得乘算而致之死耳。倘其人寿命修长，决无可咒之令死也。向之议兄者，焱至蜂起，簧鼓嚣嗜，或劗刃而徂击，或挺戈而当先，卒不能动兄一毛，而望实愈茂。则倚伏之料，昭然可睹矣。夫士有一定之论，女有不易之行。自信于己，任运推移，唯吾道之衰废，又何计于怨仇乎？必行有所召，斯臧仓之诉得行。臧仓，鲁君之嬖人，善谗诉。倘德在予矣，即向魋之难何惧？向魋欲杀孔子，子曰："天生德于予，向魋其如予何！"若乃齐冤亲于平等，佛法，冤亲平等。并恩怨于两忘，海马先机，虚舟随汛，斯又上士玄同之轨也。中略。所愿勉就功名，以答群望。诗云：'靖共尔位，正直是与。神之听之，式谷予女。'纷纷之谈，未足为蒂芥也。"此书叙俗情而寓妙趣，读之令人如游无何有之乡、广漠之野。唯当信心任真，涉猥琐，犯险难，以赴公家

与友人论张江陵

之务耳,何疑何沮? 又有遗俗高蹈,往而不返者,江陵必敬慰以挽之。如《与司成马孟河》云:"振驿南雍,士方向往,不谓东山泉石,更挂冲襟。夫遗世拔俗者,逸民之所操。明道济物者,大贤之宏量也。公遗情缨袯,结意烟霞。蝉脱于蜕秽,素心独往得已。然律以至人玄同之轨,揆以孔门兼善之抱,无乃得其一,未得其二乎? 弟以浅陋,幸附骥尾,日夕循省,尸素是虞。昔匡鼎说诗,都讲为之避席。南能卓锡,印宗退而北面。以弟之愚,诚得高宿如公者而逊之,所谓孱夫负千钧上太行,得乌获而界之,有余力矣。愿公幡然易虑,回肥遁之辙,跻同人之轨。毋使青衿之子,徒有白驹之叹。幸甚。"此书神趣悠然,足使幽人回真顺俗。又对边臣怠事者遗书斥责,词愈婉而意愈严。如《与王西石》有曰:"昔李抱真初在泽潞,胜兵不满万。抱真励以忠义,省财用,阅军实,数年遂为强镇。河北诸藩慑慴,不敢越河为寇,抱真力也。以此见天下无不可为之事。艰难困惫,忠智实由以表见也。顾近来疆场之臣,大抵选懦观望,饰虚言,张首房,为旦夕计,非有长虑却顾,为地方至计也。因仍成风,边事大坏。夫仕宦至于巡抚,受国恩不为不厚,功名不为不显矣。事有关系,宜以死生去就决之,乃逶逶然求便其身图,此亦不忠不智甚矣。今者庙堂颇亦厌此。中略。事有易置者,不妨先达本兵,谓兵部。次第举行,询于有众,事事求实。又本之以诚悫,持之以坚忍,虑定而后动,鲜不济矣。"后略。观此书,知江陵于边帅时相戒谕,所以严军备。又以私谊振导之,免其积偷而罹于法也。又于文人恃才而急于自见者,亦恳切规戒。如《与给谏吴川楼》云:"公俊才逸气,锋颖秀拔,不唯脱颖全楚,实亦绝尘海内。然坐是颇为累

167

矣。夫素丝易污,婞颜蒙垢。士之负瑰玮而坎壈者,不可数计,岂必尽世人之过哉? 毛嫱西施,天下之至丽也,鸟见之高飞,鱼见之深入。况无容于前,有伺于侧,同室并御,争妍竞怜。斯楚姬班女,所为招剀而兴悲也。彼才人者,不知含光葆贞,内晦其美,乃嫣然姣服靓妆,沾沾自喜,以此求容,将无难乎? 孙登之言曰,火有光而不用其光,人有才而不用其才。光在于得薪,火不得薪,则光无从显也。用在于识真。有才者,如欲用其才,必遇真识才者方可见用。嗟乎! 假令屈贾之俦稍留意于此,则汨罗无不返之魂,长沙无赋鹏之感矣。"后略。愚按,汉以来文人皆思挟才以见媚于君相,卒至取辱。此辈得志,不过以文墨供当途者之娱玩。不幸遭谗诟,则迁谪或抑郁以死者,其常也。此辈全无自立之道,全不求实学。唯壹意自炫,以求媚于世,与妾妇同道。二千数百年来,士之有才者,大概习于此途。中夏式微,非无故也。海通而后,文人所持之具,虽变于昔之诗赋或古文辞,而其骨子里则与过去文人名士无二致也。江陵以楚姬班女之行戒吴川楼,责之切而勉之殷矣。其书末有曰:"今而后从事于至人之学,庶几乎玄同之轨。"江陵固老婆心切,而川楼可语是哉? 但此书以屈子与贾生并论,未免不伦。屈子怀亡国之痛,非为一己之遇不遇而悲愤也。贾生志行固与东京以后文士有别,然使文帝委生以政,亦决不能有所建树,毕竟是文章之士耳。昔人哀生之诗:"可怜夜半虚前席,不问苍生问鬼神。"以此讽文帝,既不了文帝,又不知生也。夫人主一日二日万几,而能游心造化,究鬼神之有无,此岂世主可得而几乎?

　　江陵训戒僚属诸书,上来略举数则,已可见其因材施教,随

事示警,是乃以其身任师保之重,而与文武百僚相砥于学。《赠毕
石庵叙》曰:"吾闻古之君子,终始典于学,居则学于父兄宗族,出
则学于君长百姓,莫非学也。迹之显晦,乌能间之。昔者帝舜起
匹夫,摄百揆。及为天子,辟四门,明四目,达四聪,好问好察迩
言。至与其臣禹、契、皋陶辈,询言陈谟,规诲不倦。推其言,殆
若居木石而友麋鹿,无少异者。其纯如此。中略。吾闻天之道不
息,故久;君子之学不已,故纯。《诗》曰:'学有缉熙于光明。'动
静者时,时有动静,则二。嚣寂者境,境有嚣寂,亦二。显晦者遇,遇有
显晦,亦二。不二者心。心则通乎任何时、任何境、任何遇而皆不二。心有
所间则不能缉熙,不缉熙则光明息矣。往之一息谓之古,来之一
息谓之今。古今之辽邈,曾不能以一息,而况于显晦之间乎? 故
学无间于显晦,然后其志一。穷居为晦,出而任政则显矣。显晦异其遇,
而学未尝间也。故终始一志。志一然后其神凝。凡夫则志随遇而迁矣。
晦时或志在善,显时则私欲乘势而动,失其向善之志,故前后不一也。如是者,
其神丧于中,何凝之有? 如是而畅于四肢,发于事业,则其政精核。
推此以言,则政亦学也。世言政学二者,妄也。中略。盖学非言
之难,用之为难。恬而夷者非难,纷而剧者为难。中略。夫以匹
夫匹妇之胜予。古之圣王,常视天下匹夫匹妇皆胜于我,恒不敢肆。爱憎
毁誉之横发,丝棼綦布之事交集于躬。一或稍懈,皆足以移吾之
志而滑其心。其克遂吾志而益其所不能者在是,其弗克有成而
隳吾学者亦在于是也,吾奚为而弗惧? 夫志成于惧而荒于怠。
惧则思,思则通微。惧则慎,慎则不败。能思而慎,何替之有?
《诗》曰:'温温恭人,如集于木。惴惴小心,如临于谷。'惧之谓
也。"详此叙,江陵盖主张所学必验诸政,从政不退所学,故说政

学不二。其言虞廷君臣之间,询言陈谟,规诲不倦,如师友及诸生相聚,讲学于一堂之中,真盛世规模也。江陵训诫僚属,亲切真挚。枢府之地,不啻为一函授学校。有味哉,作人之愿弘也。惜书牍所存无几,其诸子失于搜寻者当不少。余尝谓江陵宗主儒家,虽于行政方面有取于综核尚严,而其骨子里究与法家异撰。观其训戒僚属即政即学之旨,足证吾言不妄。江陵与李渐庵论人才曰:"天生一世之才,自足一世之用。顾持衡者每杂之以私意,持之以偏见,遂致品流混杂,措置违宜,乃委咎云乏才,误矣!"《六事疏》有云:"窃以为古今人才不甚相远。人主操用舍予夺之权,以奔走天下之士,何求而不得? 而曰世无才焉,臣不信也。惟名实之不核,拣择之不精,所用非其所急,所取非其所求,则上之爵赏不重,而人怀侥幸之心。牛骥以并驾而俱疲,工拙以混吹而莫辨,才恶得而不乏? 事恶得而有济哉? 夫器必试而后知其利钝,马必驾而后知其驽良。今用人则不然。称人之才,不必试之以事。任之以事,不必更考其成。及至偾事之时,又不必明正其罪。椎鲁少文者以无用见讥,而大言无当者以虚声窃誉。偶傥伉直者以忤时难合,而脂韦逢迎者以巧宦易容。其才虽可用也,或以卑微而轻忽之。其才本无取也,或以名高而尊礼之。或因一事之善而终身借之以为资,或以一动之差而众口訾之以为病。加以官不久任,事不责成,更调太繁,迁转太骤,资格太拘,毁誉失实。且近来又有一种风尚,士大夫务为声称,舍其职业而出位是思,建白条陈,连编累牍。余忆清季谈维新变法者鲜不如此。民国以来,政府与党部甚多议案与标语。而学校暨社会名流又多办刊物,或出洋本本。凡谈社会政治理论,东剽西窃,浮浮泛泛,毫无实际。古

与友人论张江陵

人云坐而言者起而行。今人言不自心出，根本没有想到行之一字。使江陵生近世，不知如何痛悼。至核其本等职业，又属茫昧。主钱谷者，不对出纳之数，司刑名者，未谙律例之文。官守既失，事何由举？凡此皆所谓名与实爽者也。如此，则真才实能之士何由得进？而百官有司之职何由得举哉？"愚按，清季迄民国，乱亡相继，而谈者辄曰当世无才。自昔衰世，常同此叹，不独近代也。唯江陵独谓"天生一世之才，自足一世之用"，其言甚卓，亦足振生人之气，勿因世乱而自沮丧。余是以慨然追慕乎江陵之为人也。虽然，一世之才自足一世之用，信乎其言无可易也。设遇非常之变，不幸无大仁大智大勇之非常人物领导群伦，则一世之才将皆不得见用于世，欲其不消磨于无何有之乡，亦不可得矣。江陵本非常人，故能用其并世之才以弘济艰难。顾江陵可世世常出耶？余以为，非常人物之关系于世运者太大。此天使也，可遇而不可必得矣。然非常人物虽云天纵，而非其国其群之文化或学术思想达于最高之域，则天亦不能为之特降非常人物于其间也。中国秦以后虽衰，而四代之中谓汉唐宋明。君相师儒，犹时有非常人。《诗》曰："风雨如晦，鸡鸣不已。"吾宝吾文化，又何馁焉？江陵论用才之道，须久其任而专一其职，加之以综核名实，信赏必罚，而有才者无不乐自见，天下之政无不纲举目张矣。其法可参考《江陵行实》。江陵诸子所撰。兹不及详。

明中叶后，士习浮虚而习忮害，其所由来者渐矣。元人贱儒，位之娼优之间。其政残酷，搜括尤惨，社会风习败坏，方正学深以为痛。士大夫苟活偷生，久之必习于卑陋。卑陋久，则无真实力量而尚浮虚，无广大胸量而多忮害。明初，以革命新运，人

心思治，欣然向善。及中叶以后，道丧于上，俗敝于下，则旧染之污如夙疾复发，士大夫之短尽露。阳明子所为急急讲学，江陵皇皇事功。孟子言禹、稷、颜回同道，吾于两先生亦云然。嘉隆以降，在朝则宰相至科臣，在野则理学名儒，皆好谤毁中正，而于国家任事之才尤摧毁不遗余力。如谭二华在蓟建议筑墩台，其时人情汹汹，流言四起，忌者乃欲因此中以奇祸。江陵独保护之，俾成其事。自后，虏不敢窥蓟，实赖筑台守险之力。又江陵《与汪南明书》曰"谭二华。戚南塘。二君数年间大忤时宰意，几欲杀之。此当是隆庆时事，江陵未得专政也。仆委曲保全，今始脱诸水火。一旦骤用之，恐不可成"云云。谭、戚皆一代名将。是时四夷交侵，边患正急，而宰相竟欲杀良将，此岂可以人情想像者乎？江陵独保全善类，尝曰："为国任事之臣，仆视之如子弟，既奖率之，又宝爱之，唯恐伤也。"又曰："凡任事任怨之人，宜预将护，俾得展布。"其教戚南塘继光。诸书，示以立己之道、治军之法、用人之规乃至战略，无所不言，恳切详尽，贤父师于子弟不是过也。江陵善教养人才，此其成功之原。然江陵当国不过九年，时日既短，卒无可变革当时污习。以阳明之功德与学术，殁后从祀文庙一案，正江陵在位时。而朝臣横诬诟詈，纷纷不已，岂非怪事？及江陵殁，朝野犹以私怨交煽于朝，必欲加以灭族之祸，卒追夺其官而毁其家。清初修《明史》，而东林党人尚挟私造谤。此何心哉，不可解矣。江陵甫殁，其法尽毁，政日以乱，民日以困。适满州崛起，入关之势已成。赖江夏熊公抵御其间。而伪理学如邹、冯诸狮，必杀之以卖国，又不知其果何心也。熊公遇害，犹赖有袁崇焕，而党人与朝臣又合谋杀之。至此而国遂亡矣。明世学风士习之坏,无可形容。或曰,明祖毁士节,作法于凉,故士趋卑隘,不古若也。此说确非无理,然专罪明祖亦非笃论。士节在元,早已毁尽。刘因、吴澄、黄楚望之徒,皆不知有夷夏大义,况其他乎?楚望以《春秋》自矜,而于生人涂炭,无丝毫感。吾不知其苦思经文者,果悟得若何道理也。元世久无士,而独罪明祖乎哉?但明祖缺乏养士之识量,未能变元之污风,亦不得无罪耳。江陵最苦其同时朝士挟幸灾乐祸之心,绝不明事理。其在野高谈理学之儒,亦好持庸众之见以淆乱国是,宁可亡国而不可稍平意气。阳明唱良知之教,而少有救者,虽由积习难移,而阳明讲学未免偏重致良知,而忽视格物。门人后学鲜不入狂禅一路,宜其不明事理而横逞意见也。及明季,而船山、亭林、习斋诸哲崛兴,始救阳明末流之弊。则清之奴儒又媚清帝,而斩诸哲之绪矣。可哀也哉!吾侪今日尚论明世学风,可想见张陵当日为政确不容易,非热诚宏毅、大略雄才,未能有济者也。呜乎伟矣!

上来所说,虽复未尽,或无大差失。今当略作结语。

一、佛法究归出世。大乘虽不舍世间、不舍众生,然以众生难得度故,乃不住涅槃耳。要其归趣,仍在尽未来际,度脱一切众生出生死海。佛氏以世间为生死海。此具本旨,不可矫乱者。江陵持守中国儒家经世精神,以吸收佛氏之长。观空而不可耽空,唯空迷妄而已,亦助扬儒门克己之道也。儒言己私即是迷妄。空者,空此而已。修慈而不容姑息,锄豪强,去大憝,爱育劳苦群黎,乃不离法场而证菩提。此本吾儒之仁术也。忘家殉国,以孑然一身任天下之重,虽机阱满前,众镞攒体,毫无畏惧,此其大雄无畏,深合《大易》刚健之德也。愿身为蓐席,使人便溺其上,亦儒者不

173

怨尤之义,墨氏摩顶放踵之风也。一性圆明,空不空为如来藏,亦宏阐《大易》乾元性海也。覆看前引江陵谈佛法处。儒学灭亡于汉人之考据。宋学又流于独善,而失去尧舜至孔门一段精神。阳明子《大学问》与"拔本塞源论",浸浸上追孔门。江陵承之,而资于佛法,以其出世精神转成经世精神。与儒家相得益彰,作用乃愈盛,卓然成己成物而无憾。至哉斯人! 余愿今后学术思想界循此路向,发扬光大。

　　二、道家者流,以虚静显道体,近于佛法空寂,而惜乎未臻究竟。若其无出世思想,未甚远于儒。但儒者内圣外王之全体大用,道家又远不逮。然其深静以知几,足以乘世变而不失因应之宜。不独晚周诸子无此诣,远西学者更无此精诣也。此非善读老庄之书,会意言外,用以静观世变,神而明之者,难与语斯意。呜乎微矣! 江陵于老庄确有深会。故在嘉隆间浮昏之士习与黑暗险阻之朝廷,乃能履虎尾而不咥,取得政权。此非善于应几者不能也。至若外交方面,朔北元裔及东虏皆崛强未易御者,而皆算无遗策。此时幸有江陵,故不觉其难耳。设无江陵,欲免于典午之祸得乎? 夫五胡能蹂躏神州,非若辈有过人之资也,直以华胄自乱,祸机横发,诸胡乘机蠢动,而中原之稍有膂力或黠慧者,既内无所倚,乃不惜献媚胡酋,以图富贵。彼胡酋者,阅历既多,闻见渐广,遂乃叱咤风云,势回天地。船山所谓"天为之启其聪明,人为之效其羽翼",诚有类于是者。隆万之际,如无江陵,则内之奸人不止赵全等,而外之悍酋又不止俺答辈。尔时中国,必再演典午惨剧,可难言也。江陵用一世之才,修内政,整军备,固边防,以遏群胡之狂欲。而在外交方面,则国策素定,决不稍挠。此为根本至计。外交不可畏强而遂屈挠。屈挠则成不可长之势。
江陵于此,持之极坚。至于虏情,则熟悉诸部离合之势,而察夫群酋
对中朝或向或背之几。利用随宜,操纵在我,决不自损以餍虏人
之欲。此从《江陵集》中详考其训戒边帅办理虏人交涉诸书,可
见江陵深于老氏知几之学也。夫几之萌也,微乎无形。智者乘
机而善应之,则万物之情莫有逆于彼之圜中者。愚者不能见几,
则福兆既莫之迎矣,及祸兆至,又且盲动而违物情,遂无可免于
害矣。难矣哉! 知几之哲也。何言乎江陵能知几? 余姑举一
事。当时俺答最强大,岁犯塞。嘉靖二十九年,俺答大举逼京
师,四十年犯蓟,隆庆元年陷石州。国内奸人赵全等亡抵俺答,
为之献入据中原之策。俺答已心动,而其孙适以私忿来奔。是
时举朝骇惧,以为不可纳。江陵独曰:"纳之,而索吾叛人,可尽
得也。"夫不纳虏孙,是失俺答欲得孙之几也。失此几,则吾之叛
人不可索,后之叛归虏者且愈多。虏当终用其计,而中国危矣。
又虏虽允还吾叛人,而或诈允之以取其孙,或所还非叛人本身。
此皆可虑。江陵函边帅,一一详论极究,以防其弊。又如虏还叛
人,而向吾要索甚奢,吾若轻许,则启其轻上国之心,后将要索无
餍,而边患且不测,是又坐失此几也。江陵戒边帅勿轻徇虏之
欲,必慎察其情,务以我制虏,勿以我受制于虏。其间措画周密,
此不及述。终乃虏人悉如江陵所料,谨受约束。赵全等悉索还
正法,传首诸边。自是群胡慑憎,而奸人亦无敢投胡者矣。四夷
来臣,九边安静,自此一几启之也。夫世界大潮之所趋,有其几
焉。而一件事情之演变,亦有其几焉。是在能知几者,乘几而善
应之,则祸转为福。不知几而莫之应也,则福且为祸。江陵深于

175

老者也,有知几之哲矣。夫有志乎吾儒外王之学,将乘大变而为万物之归者,不可不知几,不可不深穷道家言。江陵导此先路,步趋则后学有责也。

法家综核名实,有言必征之以事,任事必严责其功。功效著明者信赏,无功者必罚。如是,则奸宄作弊或贪污无能与浮谈鲜实、虚誉惑世者,一切无所用其技,无可避其辜。法度张而万事举,民用乂安,国以富强,此必然之应也。江陵之融会于法家者在此。中国自秦以后,因循、委靡、敷衍、虚诳、贪庸之政俗,舍是则无可拯救也。

江陵深于老庄,而其生活上独摄受儒佛精神以自振拔,使其生活内容日益深邃扩大,其愿力日益坚强充盛,而绝不取道家守静处后之人生态度。夫佛氏虽主出世,然以众生未得度故,毕竟不住涅槃,不舍众生。此其大悲、大愿、大雄无畏。若用之于经世,则与尧舜禹汤诸圣不惜苦其身以使万物得所之志行无所异也。且儒学自帝尧已有"天工人其代之"之论,而大禹已著地平天成之绩。至孔子修《易》,亦有"裁成天地,辅相万物"、"参赞化育"与"先天而天弗违"诸义。儒者浑然与天地万物同体,故其改创宇宙,即其改创自己,不容私其小己以与大体相隔绝故。大体者,谓吾一己实与天地万物同体,即此谓之大体。若只私利吾之一己,此己便小,便与大体隔截,是自戕也。老曰"后其身而身先",是私其小己也。"守静"而"不敢为天下先",皆私其小己也。庄生承老而流于玩世,其病尤甚。儒者修其大智大仁大勇,先天而司造化之权,同体天地万物而无小己可私。道家终不悟也。佛氏求出世而欲逆造化,是又智者过之。但其粉碎虚空之精神,一经转手,便与吾儒不异。江陵可谓先得我心之同然矣。

自佛法东来，少数高僧有信受而无创解，俗僧则鸡鸣而起，孳孳为利者耳。诗文名士则取佛语以供赏玩，居士虔修者无几，而造恶不悛者直以念佛为逋逃薮。大概中国人自佛法来后，多受三世因果说之影响，其人生思想流于小己来世果报之迷信。而儒家直于现前认识大体，自司造化权能之无上甚深理想，便非迷信小己来世果报者所能超悟。故儒学确受佛氏之侵袭，为中国人之大不幸。中国人一向本无出世思想，故虽念佛、忏罪，而名利等要求却甚迫切，非真求出者。但因熏染佛教，又不能明确断绝迷信，即不能摄受儒学精神。因此，其人生态度常近于迷惘，缺乏自明自信而无真实力量之表见。余尝以佛教在中国盛行不必有好影响，非过论也。余于佛教理论，主张抉择其长而弃其短。其无上甚深微妙之理趣，吾人宜旷怀体会。其我不入地狱谁入地狱之宏愿与雄力，吾人当以之自励，而用之以改创现前宇宙，直探昭旷之原，而后信儒佛合辙。门户纷争，甚无谓也。余以为千数百年来，真能学佛而不染教僻、不侈虚见，以佛精神实现之世间者，阳明子、江陵二人而已。二公皆以大儒而吸收佛法，不独释子远不逮，而儒之拘者更无可与语极则事也。

江陵以儒佛道法四家之学融而为一，其间抉择与会通恰到好处。如感受佛法影响，而不取其出世。于道家，则得其静以知几之妙，而不取其独善。如法家，只取其综核尚严，至其违反儒术根本处则一无所取。此其识解卓绝，非世儒所及悟也。妙在不为空理论，而实现之于其生活与事功。此一大哲人，五百年来无注意及之者，岂不惜哉？

秦以后政治家鲜有注意劳苦小民之利害者，独江陵能同情劳苦阶层，而凡依托统治层以侵削小民之豪宗巨室或士大夫家，则皆其所极力锄治而不稍宽假。旧云士大夫为在官者之称，非谓草野之士。此为儒家根本大义。盖古代所谓民者，即指天下劳苦众庶而言。《春秋繁露》："民者，暝也。"《论语》"民可使由之"，郑注"民者冥也"。《书·吕刑》"苗民弗用灵"，郑注"民者瞑也"。《春秋繁露·深察名号》："民之号，取之瞑也。"同上，"民，泯无所知也"。《荀子·礼论》："人有是，君子也。外是，民也。"注，"民，无知之称"。《贾子·大政下》："民，冥也。"据此，则古者盖以天下劳苦大众，其生活甚窘，不得从事学问、发展知识，故因其冥昧无知而命之曰民也。《诗·节南山》曰："佌佌彼有屋，佌佌，屋小貌。蔌蔌方有谷。蔌蔌，窘甚貌。民今之无禄，天天是椓。天天，读夭夭。美好貌，指贵族征租谷者。椓，侵吞也。言民既久窘，而方当收谷之时，乃为贵族所侵吞，故民无禄也。《朱传》训椓为天祸，大误。哿矣富人，哀此惸独。"富人，谓贵族坐食租谷者。《正月》之诗有曰："今此下民，亦孔之哀。"可见民之号专目天下劳苦大众，绝无疑义。仲尼祖述尧舜而明治道，首注重下民阶层利害，而急欲提醒其自觉、自动、自主、自治之力，故于《尚书·帝典》开宗明义即曰"协和万邦，黎民于变时雍"。此欲结合万邦之劳苦下民，使其变动光明，而成雍和太平之盛治也。《大学》之教有三纲领，而新民居次。后文即引《康诰》"作新民"以释之。作者，作动义。新者，革新义。此言劳苦下民，当教之兴起改革，不当长受宰割于统治阶层也。至孟子，直曰"民为贵"。荀卿曰"上下易位，然后贞"，则承孔子六经大义而弘阐之，尤为激切。汉人畏吕政焚坑之祸，始不敢言思想，乃以考据之业媚皇帝，干禄利。自是二千数百年，以帝者宰割下民为天经地义、固定而不可易者。唐太宗、明太祖皆中夏非常人物，一承南北朝胡祸，一承金元胡祸，国命民生摧残殆尽，竟能领导孑遗，拨乱世而返之正，武功耀乎寰宇，文化被于四夷。甚盛哉！惟非常人有非常功，信不诬也。二公者，如生于民主思想流行之社会，其必为社会革命之领导者，而不至以皇帝为荣可知已。惜乎二千余年，学术思想界长为黑暗之域，虽有非常人物出其间，究无可骤开灵府，亦唯以帝业自足而已。今人承清世奴儒，即所谓经师者之风，犹骂明祖，此甚错误。兹不及谈。江陵独得孔门之旨，同情天下劳苦众庶。其为条编法答朝臣杨二山曰："法贵宜民。若如公言徒利于士大夫而害于小民，奚其可乎？"大哉斯言！真为劳苦大众作不平鸣也。其政治上一切作法，皆以庇民为主。惩治官吏贪污，严防豪强兼并，无往不是保育贫民。汉以来号为贤君相者，孰有专持此等政策者乎？余观《江陵行实》有言："天下有万世之计。今西自嘉峪，东至山海关，万里崇墉，如天险不可升。又南自高邮，北至太行，四千余里，两堤峥嵘，屹为巨防。其所费皆取诸赎锾，不索水衡少府金钱。此皆万世之计。"详此所云，两大工程一为国防，一为堤工。皆有关万世之巨工。其费用虽无中饱之弊，而以工太巨故，则所费者亦必巨额，断非轻资可举。考江陵在隆庆朝尚不得专政，万历初元以后，始堪独断。计此两大巨工之费全取之赎锾，而此赎锾必系惩罚官吏与豪强违法者之所获，积成巨款，乃以充此两大工程之费。江陵任元辅，专政不过九年，以多少年岁积此重大赎锾，而两大工程起何年，成于何年，《行实》都不详叙，不意其诸子何为粗略如此。余于此有可注意

179

者：一由赎锾之多，可见江陵当时法纪甚严。诸官吏贪污与豪强不法者，其罚款必极重，大概诸贪暴财产鲜不收归公有。二以赎锾成两巨工，不索水衡少府金钱，即此巨工未尝增加小民丝毫担负。所惩治者，皆依托于统治层之贪人败类，而所惠者乃真天下劳苦小民。江陵殁后，其诸孤为之作《行实》，皆据事直书，不敢夸大。因当时天下人皆目击，无可虚夸也。且挟怨者多，方谋加罪，故诸孤极谨畏。今研江陵功绩，当据《行实》为信史。惜其文字妄求典奥，而叙述每无头绪，不足发挥其父之洪谟伟略。江陵承孔门之遗教，而欲实行其所怀抱之社会主义，故以法令重惩贪污，摧抑豪强兼并，而保育天下劳苦小民。唯于改革旧社会经济制度一层却未能作到，此为江陵遗憾。盖旧制之弊，以法令稍加救正，当权者可勉行之。而革除旧制，创立新制，则必思想界首为先导，以唤起民众觉悟，《尚书》所谓"黎民于变"，《大学》所谓"作新民"是也。江陵时代之思想界可谓黑暗已极，社会革命在当时断不可能。如以今日眼光苛论古人，是犹责上世穴居之民不知为崇楼也。古来上哲神智天纵，有为万世开太平之理想，而社会演进究有历程。哲人高远理想，固非短期可实现也。

　　江陵思想在尊主庇民，吾于前文已言之矣。然昔人称法家，亦曰尊主庇民。明代以来，议江陵者皆目以法家，其于江陵尊主庇民之旨，亦以为绍述法家云尔。此乃大误。余著《读经示要》，言晚周法家正统，盖原本《春秋》而发挥民主思想者，此派早亡绝矣。自汉人迄今，所称法家则商鞅、秦孝、韩非、吕政辈而已。实则此辈皆修霸业，反民主，不足为法家，可名之以霸王主义者。犹今云帝国主义。汉人不辨，而称以法家。今沿袭既久，亦未便改称耳。商、韩诸法家所云尊主,则坚持人主得行极权耳。而江陵尊主,却是虚君制,尊之以天神,而处无为之地。行政大权操于宰相。其言法贵宜民,则法之不本于民众公意者,人主固不得以其私意制定也。江陵言庇民,则承儒家民为邦本之大义,说见前文,兹不赘。而商韩辈虽以庇民为号召,实则锐意霸王大业。秦孝首用商鞅焉相,吕政采韩非之说,皆为霸国之雄图。今考其政策,要不外剥夺人民之自由,而扩大皇帝之威权,直以为皇帝即是国家,使人民为国家牺牲其一切。此乃毒民、愚民政策,非庇民也。江陵虚君思想,正是推翻帝权而为人民解缚,是为真庇民耳。

余常言,中国历史,秦以前政治、社会与文化各方面皆发展太早,且太高。秦以后将三千年,各方面皆腐坏。近人每以停滞言之,实不止停滞而已。秦以后之衰运,实由吕政开专制之端,而刘季定专制之局。古者天子与侯国之君,其与人民之分,并不甚悬绝。列国之民于社会不平及时政有所疾苦,皆得宣之诗歌,抒其怨忿。而王朝太史氏周行列国,直采之以登于朝。天子以是观列国之政焉。春秋时,晋楚诸大国,地方政制极精善。顾亭林尝考之,以为治起于下。郑,小国也,介乎强大之间而不亡者,民治之基固也。《公羊春秋》有虚君共和之理想。如无商鞅、秦孝、吕政之霸王主义,则民主思想当早发达,惜乎毁于秦也。及陈项诸公奋起亡秦,可谓一大转机。倘刘季有公天下之心,诚求遗献,考求隆周及春秋时列强群俗政制,多保存几分民治意思,以成一代之规,则汉以来二千余年,当不至如斯局面。独惜刘季无知,乃以天下为私产,全承吕政敝制。天子持极权于上,使若干长吏分布天下以镇压人民。地方守令则承长吏之旨监临群众,政事则除收税、听讼而外,无甚可说。人民毫无组织,不得有表现公共意力之机构,宛如一盘散沙。以故民智、民德、民力日益销损殆尽,直如群羊然。一旦中央昏乱,官吏贪横如豺虎,则盗贼遍扰,而夷狄乘机入主。汉以来之局,大概如此。故中国式微,实由专制积习使之然。但中国虽屡经外患而族类蕃殖,国基恒固,时于剥极之余开光复之运者,其原因虽不一端,而数千年立国宏规,唯务内固,对外只有防御而无侵略之战。其保聚凝合,毋轻发散,宁持忍耐,定其气、怡其神、安其苦。《耶蘇书》有言:"患难生强忍,强忍生练达,练达生希望。"吾先人颇有此风度。斯亦保世滋大之道也欤!

江陵求言之意尤为可法。《与葛与川书》曰:"今之隐退者,皆以通书政府为嫌,仆窃所不取。夫古之君子,以道相与,出处语默,曾何间焉? 执政者贤耶,固当告之以四方幽隐,以赞其庙堂之虑。不贤耶,亦当匡救其阙,而教督其所不逮,俾无致疾于国于民。"大哉斯言! 执政与草野之士均不可不书诸绅也。若在位者以异己之言为罪,在下者以不交当道、含默寡言为清高,则天下事将不可问矣。

江陵最受理学家攻击者,莫如父丧留京辞俸守制一事。当世谓之夺情,谤声腾于朝野,后世犹以为罪。清初人野史则谓江陵虑其远离政府,必毁其法、败其政,故授意冯保言于太后及皇上,谓元辅身系天下安危,不可听其去位。于是温旨再三固留,而江陵遂请留京辞俸守制。据此所云,江陵恐离京将有毁法败政之惧,自是实情。唯授意冯保则莫须有三字耳。纵或有之,亦不足为江陵罪。古人墨绖从戎，无议以不孝者。孝之道不一，能为天下捍大患者，当不失为孝子。考江陵丧父在万历五年九月。当国日浅，新法甫行，新政初立，天下兴亡之几，唯视江陵此时之去留而判定。去则政乱法毁，而亡几已著，无可挽矣。不去反是。此其关系重大，岂一紧要战役可比拟乎？江陵《与陈我度书》曰："孤暂留在此，实守制以备顾问耳，与夺情起复者不同。故上不食公家之禄，下不通四方交遗，惟赤条条一身，光净净一心，以理国家之务，终顾命之托，而不敢有一毫自利之心。所谓或远或近，或去或不去，归洁其身而已。此孤之微志也。"江陵深知当世人心太坏，天下挟私怨者甚众，将谋不利于己，唯欲将治功告一段落而后引退。故曰或远或近云云。万历七年十二月，江陵《辞考满加恩疏》有曰"臣在京守制，停止支俸，以素服在阁办事。入则守其苴绖，执居丧之礼。臣之不去者，报君恩也。守制者，报亲恩也。然身虽属于公家，事实殊于现任。今乃计算前后月日，通作实历，作为实在职位也。积日累劳，循例考满。则事同现任，礼旷居丧。君臣之义虽全，父子之情则缺矣。臣又查得前代典礼与本朝律令，凡夺情起复者，皆居官食禄，与现任不殊。故先年大学士杨溥、李贤等皆从服中升官考满，以事同现任故也。今臣乃辞俸守制，皇上原未夺臣之情，臣亦未尝于制中起复，比之诸臣事体，原自不同。盖事揆诸天理之当，即乎人心之安，乃无歉恨。伏望圣慈俯鉴愚诚，特停恩命"云云。以上系节录。据此，即江陵辞俸守制，为亲为国，恩义两全，与夺情起复者确有判。而当时罪之者唯恐不深，后儒犹弗辨正，不亦异乎？大抵中国学人，自秦以后，受专制之毒，习于小节小谨，而无高远之识量，无广大之

183

襟怀,故于人之行谊有逾常轨者,则攻击甚力,而大德宏识每为社会所漠视。昔齐桓内行颇阙,而孔子称其正而不谲。管仲不从子纠死,而孔子大其攘夷之功,许之以仁。宰子疑三年丧将废礼乐,孔子虽斥之,而终不失为七十子之列。汉初太史公料李陵暂屈于虏,将得当以报汉,请武帝勿遽加罪,能略迹而信陵之心犹有古风。班固于千古名将卫青立传,则忽其卫国巨功,而直以贵幸视之,其鄙陋无知至此。开后来狭隘之风者自固始。以《汉书》与《史记》并论,奴儒之无目也。宋儒褊狭又甚。陈同父少年献策,确有大略,方正学读其书,亦谓切实可行,而奸邪既害之,理学家又薄其狂妄,莫与为声援,同父遂沮丧以死。中国自汉以来,政治上如有非常之才,虽成功亦无好誉。如汉武、唐太、明祖及成祖,皆陋儒所贬斥。无成者如王介甫、陈同父,则以孤志不得伸。学术上如有宏阔深微之识,必为迁固与肤陋之徒所不容。船山、亭林、习斋诸子之绪,斩于清世之所谓汉学矣,岂不异哉! 江陵学术与事功,皆二千余年来罕见,而向无留意及之者。清初奸细徐乾学徐之行事即今所谓文化汉奸也。叙江陵《四书直解》,虽称江陵功绩不可掩,而犹诋以贪权慕势。此辈固不足责,而明季遗老锢于理学之习,亦不肯道江陵。深可惜也! 中国之衰,必有所以衰。吾侪怀固有之长,亦不可不明固有之短。江陵见摈于中国社会,是中国所以衰也。

　　江陵诗甚峻美,格高境高,浩气潜运,直是盛德积中,英华外发。余每爱放翁有句云"鸾旗广殿晨排仗,古者皇帝晨早临朝时状。铁马黄河夜踏冰",善形容伟大庄严气象。余意江陵诗可以此赞之。